JN193650

憲法第九条

戦争放棄条項をめぐる考察

中村 克明

（写真：毎日新聞社）

関東学院大学出版会

はしがき

第二章　戰爭の放棄

第九條　日本國民は、正義と秩序を基調とする國際平和を誠實に希求し、國權の發動たる戰爭と、武力による威嚇又は武力の行使は、國際紛爭を解決する手段としては、永久にこれを放棄する。

前項の目的を達するため、陸海空軍その他の戰力は、これを保持しない。國の交戰權は、これを認めない。

私は、小学校の五年生の時、社会科の授業で〝戦争の放棄〟を謳った憲法第九条のことを知った。この時の感動は、未だに忘れることができない。〝なんてすばらしいことなんだろう〟と、心が震えた。それ以来、私は第九条の非武装平和主義を徹底的に擁護し、自分の生き方の指針（少々大袈裟ではあるが）としてきた。私が、日本平和学会に入会（一九八六［昭和六一］年六月［推薦状は、福島新吾専修大学教授〈当時〉に書いていただいた」）し、〃戦争と平和〃について研究し始めたのも、ごく自然の成り行きであったのである。

私が幸運だったのは、平和学の権威・戸田三三冬先生と岡本三夫先生にお会いできたことである。お二人からは、本当に多くのことをご教示いただいた。感謝でいっぱいである。もうお話しできないのは、残念であるが、お二人の意志を継ぎ、反戦平和のために多少なりとも尽力していきたいと思っている。

近年における集団的自衛権の行使、安保法制の強行採決、敵基地攻撃能力の保有、防衛費大増額、台湾有事への備え、次期戦闘機の輸出解禁、日米「指揮統制」等といった、日本の軍事をめぐる急展開には、正直、恐怖心を抱かずにはいられない。国民の多くが、政府や右翼メディアのフェイクに操られているせいであろうか、「今日の第九条をめぐる論議は、ともすれば視野の狭い目前の〃国防論〃に引きずられて、根本の理念や方向が見失われがちになっている」（小林直樹『憲法第九条』〔岩波新書〕岩波書店、一九八二年）ようにみえる。まるで自衛のための戦争、すなわち「正しい」戦争であれば、戦争も大いに結構であるといわんばかりである。しかし果たして、「正しい」戦争などというものがあるのであろうか。

浦部法穂は、この点について、次のように述べている（『憲法学教室（全訂第二版）』日本評論社、二〇〇六年、四一一頁）。

そもそも、自衛戦争とは、あくまでも「国家」の自衛のための戦争である。要するに「国家」を守るための戦争であり、それはイコール「権力」を守るための戦争ということにほかならない。9条1項は「自衛戦争」を放棄していない、とする考え方は、「自衛戦争」は「正しい戦争」だという前提に立っているが、その「正しさ」は権力の視点に立った「正しさ」でしかない。そうではなく、個人の視点に立って考えれば、いかなる戦争にも（そしていかなる軍隊にも）決して「正義」はない、ということになるはずである。権力の視点からみていかに「正しい」戦争であろうとも、それは、個人の生命や生活を根こそぎ破壊するという点においで、「正しくない戦争」となんら異なるものではない。個人の視点からみれば、どんな戦争も、個人の生命・生活を奪うものであり、決して正しくないのである。

戦争で最大の犠牲者となるのは、国民である。福島新吾がいうように「いったん戦争が開始されると、国民はたちまち政府の政策の手段と化し、無限に犠牲に供せられる消耗品にすぎなくなる。最終的に国民の安否などは問われることにはならない。問題とされるのは、戦争の勝敗による一つの政治体制の生死のみ」（『非武装の追求――現代政治における軍事力』サイマル出版会、一九六九年、一四六頁）なのである。アジア太平洋戦争で経験したこの悲劇を、日本はまたも繰り返そうというのか。よく為政者は、他国の脅威を強調し、国土や国民を守るためと称して、軍備の増強や戦争の準備に励むが、果たしてそれが国民の生命を防衛することになるのか。今や戦争は、「現代の最大悪――とくに核戦争の惨禍は『絶対悪』」（深瀬忠一『戦争放棄と平和的生存権』岩波書店、一九八七年、九一頁）である。戦争になれば、必ず大勢の人々が死ぬ。国民の生命を守るというのであれば、何が何でも戦争をしないことである。ましてや、憲法で「平和のうちに生存する権利」（平和的生存権）（前文第二段）を保障された日本国民を戦争に引きずり込むようなことは許されない。日本の為政者は、こんなこともわからないのである。ただちに全員、職を辞すべきである。

本書は、私が憲法第九条についてこれまで研究してきた成果の一端をまとめたものである。本書の目的は、憲法第九条をめぐる諸問題の考察、すなわちその発案者の解明、妥当な解釈の検討及び今日の平和を取り巻く危機的状況の分析、批判をとおして、日本国憲法が謳う非武装平和主義の現実的意義を再確認することである。

本書の一つの結論としてはっきりいえることは、日本はその地理的・経済的諸条件からして、軍事力をいかに強化しようと、苛烈な現代戦には耐えられないということであり、憲法第九条の非武装平和主義こそがこの国に最も適した安全保障政策であるということである。東京や各地の原発等が、ミサイルの集中攻撃を受ければ、日本はそれでおしまいである。仮に自衛権の行使を名目として、敵の基地を先制攻撃しても、それらを一時にすべて破壊することは不可能であるし、相手も当然、日本の攻撃に備えて対策を講じているはずであるから、ただちに反撃が返ってくることは必至である。そしてその反撃は、相手が核保有国であれば、核をも含むすさまじいものとなることは確実である。敵への先制攻撃は、このように日本を滅亡に導きかねない、まさに最悪の防衛戦略である。政府の見識を疑わざるを得ない。国民もまた、万一戦争になっても、世界最強のアメリカ軍が参戦して日本を助けてくれるし、政府も国民保護法に基づいて、我々を守ってくれると安易に考えている人が多いようである。しかしそれは、とんでもない誤解である。アメリカが中国やロシアとの核戦争の危険を賭してまで、日本という〝外国〟のために死力を尽くして戦うことなどあり得ないし、国民保護法もその真の狙いとするところは住民の避難や救援ではなく、国民や地方自治体、民間組織を広く戦争に動員することであるからである。有事における政府の最大の関心事は、戦争に勝利することであり、政権を維持することである。もとより、「無限に犠牲に供せられる消耗品にすぎな」い国民の安全など端から想定外なのである。

憲法第九条は、「『戦争なき世界』という人類の理想を極めて明確に且つ積極的に憲法の規定に掲げ」（佐藤功『日本国憲法概説（全訂第五版）』学陽書房、一九九六年、七三頁）、一切の戦争、とりわけ「第二次大戦の終了が同時に生み出した核戦争の危機に対して人類のとるべき方策を諸国に先がけて、いわば先取りして提示し」（佐藤、八一頁）た「世界の憲法の歴史の上に画期的な意義をもつ」（佐藤、七三頁）条項である。その意味で、第九条は「全人類の願いであり、日本の誇りである」（立正佼成会「『憲法改正』に対する見解――憲法の『平和主義』を人類の宝に」）。昨今、政府や保守右翼勢力によって企まれている憲法の改悪（自衛隊保持の明記、緊急事態条項の導入等）は、日本軍国主義の復活への道であり、壊滅戦争への道である。絶対にこれを認めてはならない。

本書の初出は、以下のとおりである。

第一章　『関東学院大学人文学会紀要』第一四六号、二〇二二年、三一―五三頁（ただし、本書に収録するに当たり、大幅な加筆・修正を行った）

第二章　書き下ろし

本年の二月二八日、義母が永眠した（八六歳）。二〇一五（平成二七）年一二月に母（八五歳）を、二〇一七（平成二九）年一〇月に父（九〇歳）を亡くしていた私にとって、義母はたった一人の親であった。義母には、何から何までお世話になった。孫の面倒もよくみていただいた。会社の経営者として、また孫たちの祖母として、本当にすばらしい人であった。義母が亡くなって、親と呼べる人はもう誰もいなくなった。さみしい限りである。でも私はつくづく、いい親に出会えて幸せであったと思う。母、父、義母のこれまでの愛と支援に深く感謝し、三人の冥福を祈る。

二〇二四（令和六年）年八月一五日　妻、娘、息子の健康と幸せを祈って

中村克明

目次

第一章　憲法第九条＝幣原発案説の再考
――笠原十九司説に対する批判的検討

幾多の偶然が加わったとはいえ、憲法九条は、極東の軍事大国の酷烈な挫折の体験を通じて、客観的には現代の人類の純粋な英知が生んだ所産であるといっても過言ではない。

小林直樹『憲法第九条』

一

日本国憲法制定後、長年にわたって議論されている憲法第九条の発案者について、私は二年ほど前、幣原喜重郎首相（肩書は、当時のもの。以下、同じ）の戦争放棄に関する〝真意〟を手がかりとして、これを考察したことがあった。(1)その中で、私は幣原がいう戦争の放棄とは、「第一次世界大戦後の『戦争の違法化』への国際的潮流の到達点としての画期的意義をもった」[2]不戦条約[3]（なお、不戦条約の発効に際して、当時外相であった幣原は、アメリカのスティムソン国務長官に宛てて祝電［七月二三日付］を送っている[4]）が謳った戦争の放棄、すなわち〝侵略戦争の放棄〟であり、幣原には一切の戦争を放棄する（ましてや軍備を廃止する）考えなどさらさらなかった旨を述べた（しかも幣原は、そのような戦争の放棄ですら、「国際紛争を解決する権限のある国際司法裁判所が設立されなければ、現実性がないと考えていた」[5]）。そして、この点を踏まえ、さらに次のように論じた。

幣原とダグラス・マッカーサー（連合国軍最高司令官）が、一九四六（昭和二一）年一月二四日に行った、いわゆるペニシリン会談において、幣原の〝侵略戦争の放棄〟発言を、〝戦争の全面的放棄〟発言と〝誤解〟したマッカーサー（このことは、幣原の発言に対し、彼が「急に立ちあがつて両手で手を握り涙を目にいっぱいためてその通りだと言い出した」［「羽室メモ」[6]］という驚嘆ぶりが明瞭に示している――すなわちマッカーサーは、不戦条約の内容を知っていたとされるが[7]、彼は幣原の発言を、それを超える〝戦争の全面的放棄〟と受け取ったのである）が二月一日、――毎日新聞のスクープ（憲法問題調査委員会「憲法改正試案」の保守性の暴露[8]）を契機として――、GHQ（連合国軍最高司令官総司令部）による憲法草案の起草を決意し[9]、その直後に自衛戦争の放棄を含む「最高司令官から憲法改正の『必須要件』として示された三つの基本的な点」[10]、いわゆるマッカーサー・ノート（三原則）を自ら作成している（ただし、マッカーサー口述、民政局長コートニー・ホイットニー覚え書き、ないし両者の合作の可能性もあるとされる[11]）ところからすれば、戦争の放棄を憲法（草案）に持ち込んだのが、マッカーサーであったということになるであろう。

しかし、マッカーサーがいかに――「マッカーサーも長い悲惨な戦争を見つづけているのだから身にしみて戦争はいやだと思っていたのだろう」（「羽室メモ」[12]）というように――「戦争の惨禍」に心を痛めていたとしても、彼が単独で戦争の全面的放棄を発想し得たのかといえば、とてもそうは思われない。やはり幣原の発言（それが、侵略戦争の放棄であったにせよ）があったからこそだったのではないか。とすれば、間接的ながら、幣原の関与も軽視（ましてや無視）することはできないのであって、その意味では第九条はマッカーサーと幣原の二人によって生み出された、いわば両者による〝合作〟であったとみてよいのではないか、と結論づけた。

なお、幣原、マッカーサーの他にも、第九条の発案者として吉田茂[13]、ホイットニー＝ケーディス[14]、白鳥敏夫[15]等があげられているが、しかし第九条の起因がペニシリン会談にあることからすれば、実際にはその発案者は幣原、あるいはマッカーサー以外には考えられない。

二

今日、第九条の発案者に関する諸説の中で多数説となっているのが、幣原＝マッカーサー合作説（日米合作説）（岸倉松、田中英夫、小林直樹、長谷川正安、芦部信喜、伊藤成彦、河上暁弘等）である。この説は、「日本がなんらかの形で公的に平和主義の原則を宣言すべきであるという発想自体は、幣原に由来するが、これを新しい憲法に盛り込むという発想は、総司令部案起草の決断を下した際に、マッカーサーが自ら決定したところではなかろうか[16]」、あるいは「一九四六年一月二四日の幣原・マッカーサー会談で幣原から平和主義・戦争放棄の見解が示され、マッカーサーがそれを積極的に受けとめ憲法条項化を決断したとする、いわゆる『日米合作説』であろう[17]」とするものである。ただし、幣原の発言が「なんらかの形で公的に平和主義の原則を宣言すべきである」というものであったのか、それとも明確な「平和主義・戦争放棄の見解」であったのかについては、意見が分かれている。

その一方で、幣原発案説（高柳賢三、大友一郎、長谷部忠、馬場恒吾、青木得三、大池真、入江俊郎、楢橋渡、深瀬忠一、堀尾輝久、山室信一、堤堯、大越哲二等）と、マッカーサー発案説（吉田茂、松本烝治、芦田均、安倍源基、袖井林二郎、古関彰一、西修、佐々木髙雄、川村俊夫、加藤典洋、種稲秀司等）も、依然として有力である。とりわけ幣原発案説の中で、近年、注目されているのが、笠原十九司氏の著書（『憲法九条と幣原喜重郎――日本国憲法の原点の解明』大月書店、二〇二〇年）である。この著書は、「日本国憲法第九条の発案者が幣原喜重郎であったことを証明して、戦後長年にわたって繰り広げられてきた論争に『終止符』をうつことを目的と[18]」したものであり、「幣原発案説を否定する憲法学者・政治学者の陥った誤り[19]」を徹底的に批判する。したがって、同書の結論は明快であるが、しかしこれによって「戦後長年にわたって繰り広げられてきた論争に『終止符』」が打たれたのかといえば、決してそうは思われない。むしろ論争は、拡大してきているのではないか。そこで本章では、笠原氏の議論を批判的に検討することを通して、第九条＝幣原発案説を再考してみることにする。

三

笠原氏は、「筆者の一番の願いは、……日本の無謀で悲惨な戦争を体験させられた日本国民……が確信をもって、歴代自民党政権ならびに保守右翼勢力による九条改憲の策動を阻止して欲しいことである[20]」と述べる。まったく同感である。また笠原氏が、「憲法九条をもつ日本は非武装中立をかかげ、国際連合が、各国の軍事力を不要とする世界各国の安全を保障する機能をもつように、国際社会へ働きかけつづける責務があると思っている[21]」といっていることにも、全面的に賛成する。

私自身は、笠原氏と同様、「非武装中立[22]」が日本の安全保障にとって最も適合的な方式（佐藤功も、「憲法が理想とし、予想していたわが国の安全保障の形式は、世界連邦または世界国家の形式であり、またそれが実現しない間は、現実的には、いかなる国家に対しても非戦・非武装中立の立場をとることであつたといわなければならない[23]」と述べている）であり、日本国民の平和的生存権を現に侵害している違憲の自衛隊は解散、もしくは災害救助隊あるいは国際援助隊等に改編、駐留米軍は撤去されるべきであると考えている[25]。

日本の場合、「防衛力をどれほど整備しても決して安全とはいえず、ことに狭少な国土で稠密な人口のわが国は、苛烈な現代戦争にとうてい耐え[26]られないし、「日本の地理的・経済的諸条件を考えれば、この国は現代戦に最も脆弱かつ不適当な状態にあるから、軍事力で有効に国民を防衛することは不可能である[27]」（深瀬忠一も、「わが国は、国土狭小、人口稠密、食糧等自給性に乏しく（改革必要）、高度に工業化した部分が多く、ガソリン・核燃料等に充満しているから、軍事的には脆弱、戦争の惨禍は質量とも甚大で絶滅の可能性が強い[28]」と述べている）。つまり戦争になれば、どんなに自衛隊を強化しようが、日本はひとたまりもないのであって、「およそ戦争はしないことが、日本の国益にかなうのである[29]」。したがって私は、政府・与党や一部の野党、右翼改憲勢力が執拗に画策している「現代の人類の純粋な英知が生んだ所産である[30]」憲法第九条の改悪、いわゆる自衛隊加憲論[31]には、絶対に反対する。

ところで、笠原氏の見解について、まず問題にしたいのは、笠原氏がマッカーサー発案説等に対し、「史料の裏付けもせずに、推測だけで論理を展開している[32]」として、痛烈に批判しておきながら、同氏もまた同じ過ちを犯しているということである。例えば同氏は、「二月一三日の幣原内閣への民政局作成の憲法改正草案の強制的な提示……をめぐって二月一三日（「一九日」の誤り―引用者注）の幣原内閣の閣議では紛糾することになる……。憲法九条幣原発案に反対する論者は、この閣議で幣原がGHQ草案に反対する言動を見せたことなどを理由にあげているが、もしそうだとすれば、それは幣原の『演技』であり、……幣原はマッカーサーの動きを事前に承知していたのである[33]」、「幣原は……憲法改正草案を提示してきたときも、閣議においては知らんふりを装ったのであった[34]」、「事実からすれば、幣原首相は松本国務大臣に『芝居を打った』ことになる[35]」といった、何ら「史料」的裏づけのない「推測だけで論理を展開している」（笠原氏が根拠とするところは、要は帝国憲法下では制度上、首相には国務大臣を「制御」する権限がなかったということのようである[36]――しかし佐々木雄一によれば、閣内不一致で内閣が瓦解した事例は、第二次若槻礼次郎内閣と広田弘毅内閣がある程度であり[37]、「首相に政権担当意欲と相応の手腕があれば、閣内不一致が生じたからといってそう簡単に内閣は倒れなかった[38]」とされる）のである。自己矛盾も、甚だしいといわなければならない。

四

幣原が、「知らんふりを装った」「芝居を打った」とする一九四六（昭和二一）年二月一九日の閣議では、「民政局作成の憲法改正草案」、すなわち総司令部案（マッカーサー草案）の受け入れをめぐり、三土忠告内務大臣と岩田宙造司法大臣が「幣原首相とともに『吾々は之を受諾できぬ』と述べ[39]」るなど、閣僚間の意見がまとまらず、結局、幣原が至急、マッカーサーを訪問することになった。二人の会談は、二日後の二月二一日に行われた。その翌朝（二二日）の閣議で、幣原は戦争放棄条項（総司令部案「第二章　戦争放棄」「第8条　国権の発動たる戦争は、廃止する。いかなる国であれ他の国との間の紛争解決の手段としては、武力による威嚇または武力の行使は、永久に放棄する。／陸軍、海軍、空軍その他の戦力をもつ権能は、将来も与えられることはなく、交戦権が国に与えられることもない」[40]）について、マッカーサーと次のような会話を交わしたことを報告している（『芦田均日記』［一九四六・二・二二日］[41]）。

MacArthur は先づ例の如く演説を初めた。

「吾輩は日本の為めに誠心誠意図つて居る。……幣原男《ママ》が国の為めに誠意を以て働いて居られることも了解してゐる。……

吾等が Basic forms《ママ》 といふのは草案第一条と戦争を抛棄すると規定するところに在る。……

又軍に関する規定を全部削除したが、此際日本政府は国内の意嚮よりも外国の思惑を考へる可きであつて、若し軍に関する条項を保存するならば、諸外国は何と言ふだらうか、又々日本は軍備の復旧を企てると考へるに極つてゐる。

日本の為めに図るに寧ろ第二章（草案）の如く国策遂行の為めにする戦争を抛棄すると声明して日本が Moral Leadership を握るべきだと思ふ」。

幣原は此時語を挿んで leadership と言はれるが、恐らく誰も follower とならないだらうと言つた。

MacArthur は、

「followers が無くても日本は失う処はない。之を支持しないのは、しない者が悪いのである。……此際は先づ諸外国の Reaction に留意すべきであつて、米国案を認容しなければ日本は絶好の chance を失ふであらう」。

笠原氏は、この報告に関して、次のように述べる。[42]

二月二二日の閣議における幣原首相の前日のマッカーサーとの会談内容の報告について、『芦田均日記』はそうとう詳しく記述している。……憲法九条幣原発案否定論者でこの文章を取り上げて、幣原が憲法九条について否定的であったという証拠にあげている論者を散見する。この幣原の発言は、『マッカーサー大戦回顧録』に「世界は私たちを非現実的な夢想家と笑いあざけるかも知れない。しかし、百年後には私たちは予言者と呼ばれますよ」……とあるように、「現在は誰も follower とならないだろう」が、「しかし、百年後には私たちは予言者と呼ばれますよ」という文脈で理解すべき発言であった。

そして、「幣原が憲法九条に悲観的であったと解釈するのは、『芦田均日記』だけを根拠にして判断しているからである」として、幣原が八月三〇日に貴族院本会議で行った答弁（「他日必ず我々の後に蹤いて来る者があると私は確信している者である」[43]）を引き合いに出して、「これが幣原の本意であり、『芦田均日記』は聞き違えたものであろう」[44]、あるいは「『芦田均日記』の記述が誤っている」[45]と主張する。

しかし果たして、これが幣原の「本意」なのであろうか。というのは、幣原は彼が戦争放棄の発案者であるといい出したとされる三月二〇日の枢密院非公式会議でも、二月二二日の閣議と同様の発言、すなわち「日本が戦争を抛棄して他国も之について来るか否かに付ては余は今日直にそうなるとは思わぬ」(46)と述べているからである。とすれば、『芦田均日記』の記述は正確なものであり、「leadership と言はれるが、恐らく誰も follower とならないだらう」こそ、「幣原の本意」であったということができるのではないか。ペニシリン会談から間もない二月や三月の発言よりも、それから五～六か月も経った八月の発言の方が「本意」であるとする笠原氏の見解には、とても承服できないのである。

また幣原の「予言者」発言にしても、これを「かなりの誇張と自分に都合のいい叙述が多いことで名高い」(47)『マッカーサー大戦回顧録』の一部を引用して、「現在は『誰も follower とならないだろう』が、『しかし、百年後には私たちは予言者と呼ばれますよ』という文脈で理解す」ることなど、いったい誰にできるというのか。おそらく、笠原氏にしかできない独自の解釈であろう。

五

笠原氏は、幣原が一九四九（昭和二四）年二月に衆議院議長に就任した時、幣原の「秘書役」（？）を務めた平野三郎（当時、衆議院議員）が、一九五一（昭和二六）年二月下旬、幣原邸で彼から直接、聞き取りをしてまとめたとされる「平野文書」（「幣原先生から聴取した戦争放棄条項等の生まれた事情について」［一九六三（昭和三八）年憲法調査会に提出、一九六四（昭和三九）年二月同調査会の参考資料として正式採択］）を「幣原が語っていることが、本書で叙述する歴史事実の経緯に符合し、矛盾して」おらず、「否定論者が『捏造』『偽造』と否定するが、幣原でなければ知らない、語れない事実が述べられている」[48]として、「幣原が生前、マッカーサーとの『秘密会談』や『秘密合意』について、詳細に、かつ具体的に語った唯一の資料として重視する」[49]。なお、ここで笠原氏がいう「秘密会談」とはペニシリン会談のことであり、「秘密合意」とは「象徴天皇制と憲法九条をセットにして憲法改正の柱と」[50]し、「『秘密会談』において、……幣原が発案したものをマッカーサーの命令によって『押しつけられた形にする』[51]」ことである。

しかし、笠原氏のこのような評価とは違って、「平野文書」に対する学者や研究者の評価は、――中には、「文書の内容」が「杜撰極まりない」[52]と酷評するものもあるなど――、決してよいものではない。塩田純は、「平野文書には疑問点が多い」[53]として、次のように述べている。

天皇制維持についてこの時「アメリカの肝は決まっていた」としているが、実際はまだ流動的であり、これから開かれる東京裁判で昭和天皇が訴追される危険性があった。マッカーサーらＧＨＱは天皇の身柄の保障を最大の条件にＧＨＱ草案を日本側に認めさせていくのである。平野文書の信憑性に疑問符がつく。

さらに、戦争放棄を憲法の条項にするようマッカーサーから「命令として出して貰うように」したと述べているが、このくだりも、他にはない証言で、疑問が払拭できない。

また佐々木高雄も、「記録の有無」「孤高を保つ心境」「国連加入問題」等について、疑問を呈している。(54)

私見を述べれば、「平野文書」の中で幣原は「尤も天皇制存続と言ってもシムボルということになった訳だが、僕はもともと天皇はそうあるべきものと思っていた(55)」と語っているが、しかしあれほど天皇制の維持にこだわっていた(「羽室メモ」にも、「まず一番の念願である天皇制を維持しなければ死ねない(56)」という記述がみられる)彼が、このような発言をするとは思われないし、また「日米親善は必ずしも軍事一体ではない。日本がアメリカの尖兵となることが果たしてアメリカのためであろうか(57)」という発言も、大いに疑問である。なぜなら、この発言は一九六〇(昭和三五)年の新安保条約(日本国とアメリカ合衆国との間の相互協力及び安全保障条約[一月一九日署名、六月二三日発効])を踏まえたものとしか考えられないからである。すなわち、旧安保条約(「日本国とアメリカ合衆国との間の安全保障条約」)でさえまだ署名(一九五一[昭和二六]年九月八日)されていない段階で、新安保体制(58)を見越したような日米の「軍事一体」や「日本がアメリカの尖兵となること」(「自衛隊は、……世界の軍事情勢のなかでは、アメリカの反共戦略体制の極東における一前衛部隊たる役割を担う存在である(59)」)を、幣原が的確に予測できたはずがなかったのである。

笠原氏は、「メモを見ての記憶にもとづく原稿起こしであったから、幣原が話したとおりの言葉そのままの再現は不可能であったが、話した趣旨がきちんと記録されていれば記録資料として認められる[60]」とするが、私には「平野文書」は後の出来事を知っている人間が書いた小説か、映画の台本のように思えて仕方がない。よくできすぎているのである。

六

もしも「平野文書」の内容が事実であるとするならば、幣原はなぜこれほど重大な事柄を「生涯を通じて真心をもって全幅信頼しあえる親友[61]」であった大平駒槌（枢密顧問官）にも、また憲法担当大臣（第一次吉田茂内閣当時）であった金森徳次郎にも伝えずに[62]、「秘書役」にすぎなかった平野にだけ（「『口外しないように』との条件[63]」があったとされるが）語ったのか。幣原はかなりの秘密主義者であったようであるが、そんな幣原にとって、平野は唯一「真心をもって全幅信頼しあえる」人物であったとでもいうのであろうか。

笠原氏は、「平野三郎が『これだけたくさんの嘘を書いた』と断定するのは無理である。そもそもあったことを『無かった』と虚偽に否定することは簡単であるが、無かったことを詳細かつ具体的に『あった』と書くことは不可能である[64]」とする。しかし、本当に「不可能」であったのであろうか。政治家としての経験が長く、衆議院議員五期、岐阜県知事三期等を歴任した平野であれば、この程度の文章を創作することはさほど困難ではなかったのではないか（佐々木〔髙〕も、「平野文書の多くの箇所は、一般に入手し得る各種資料を寄せ集め、適宜、手を加えれば、幣原との接触などなくとも、生み出しうる内容だといえる[65]」と述べている）。

いったい、「平野文書」が本当に、「幣原が生前、マッカーサーとの『秘密会談』や『秘密合意』について、詳細に、かつ具体的に語った唯一の資料」であるならば、これが憲法調査会で採択された一九六四（昭和三九）年二月の時点ですでに、憲法第九条の発案者は〝幣原喜重郎〟ということで決着がついていていたのではないか。ところが、今日に至っても、マッカーサー発案説は根強く唱えられているし、他の学説も依然として主張されているのである。実際、幣原発案説を説く学者たちでさえ、ほとんど「平野文書」を援用していない。これは、どういうことなのか。それは、もちろん「平野文書」を知らないからではなく、その内容に信用が置けないからなのではないか。社会一般でも、「『平野文書』が世に出てしばらくすると、人々は、それについて『何となくおかしい』と感じ始めたのであろう、何となく無視するようになっていった[66]」のである。

また「平野文書」については、「プロの速記者が同席、もしくは録音記録がないと作成できない八〇〇〇字以上にのぼる速記録の形になっており、……史料の信頼性について疑問を抱かざるを得ない[67]」とか、「平野は憲法調査会から求められた文書の原本の提出を拒んだ[68]」とか、「昭和二十六年の幣原の手帳にも平野三郎の名前は出てこない[69]」とかいった点が指摘されている。笠原氏は、佐々木（髙）が（平野が幣原邸を訪問したとされる）一九五一（昭和二六）年二月二〇日から二八日の東京の気象データ（「平野三郎議員が幣原喜重郎衆議院議長から『秘話』を聞き得た日[70]」）を提示して、「『日向ぼっこしながら秘話を聞いた機会』はなかった、と考えるべきであろう[71]」と述べたのに対し、「平野文書の内容ではなく、周囲の些末な問題をとりあげて信憑性を否定する論法をとっている[72]」といって、これを猛烈に批判する。しかし、内容そのものの「信憑性」を確認するためにも、「周囲」の問題を取り上げるのは、当然のことである。でなければ、「史料」の「信憑性」など判定できるわけがない。「オーラルヒストリー」にとって、聞き取り日時の確定という、最も基本的かつ重要な事柄を「些末な問題」といって切り捨てる笠原氏の議論には、まさに「疑問を抱かざるを得ない」。

「羽室メモ」（例えば塩田は、「私は、会談の実態は、この『羽室メモ』の内容に近いと考えている[73]」と述べている）とは違って、多くの学者、研究者が疑惑の目を向けている「平野文書」を、今さら「第一次史料[74]」として持ち出してみたところで、どれほどの意味があるのか。笠原氏が、いかに「重視」しようとも、「平野文書」が「捏造」「偽造」文書であることは、もはや明らかというべきである。

七

笠原氏は、幣原発案説を主張する論者は護憲論者であり、自衛隊・日米安保違憲（批判）論者であって（ただし例えば、この説を説く大越哲二は、自衛力［自衛隊］合憲論者である[75]）、マッカーサー発案説を力説する論者は改憲論者であり、軍備増強論者である（ただし例えば、同説を主張する古関彰一は、軍拡批判論者である[76]）と決めてかかっているようである。

しかし、いうまでもなく、真実の追究と、護憲か改憲かは別問題である。マッカーサーが発案者であれ、幣原が発案者であれ、重要なのは「歴代自民党政権ならびに保守右翼勢力」によって、憲法の理念や原則が大きく歪められ、傷つけられながらも、日本国民が戦後一貫して、第九条の規範的意味＝戦争及び戦力の全面的放棄を支持し[77]、その改悪に反対してきたことである。誰が発案者であるかは、二の次である。

ところが笠原氏の議論は、発案者は日本人、それも当時首相であった幣原でなければ、ＧＨＱ（マッカーサー）による押しつけ論（ちなみに古関は、「著者も憲法は手続的にはＧＨＱによる日本政府への押しつけであったと考えざるを得ない[78]」と述べている）から憲法第九条を擁護することはできないという、同氏自身の〝思い込み〟を全面的に展開したものであって、「基本的文献」を充分に「精査[79]」し、「厳密に史料に基づ[80]」いたものとはいい難い。

例えば笠原氏は、幣原がマッカーサーに〝憲法の中に、戦争放棄条項を入れてくれるよう頼んだ〟とする「証拠」の一つとして、「羽室メモ」をあげているが、しかし同メモには――「かねて考えた世界中が戦力をもたないという理想論を始め戦争を世界中がしなくなる様になるには戦争を放棄するという事以外にないと考える[81]」とはあるものの――、肝心の「憲法」に関する記述は見当たらない。「羽室メモ」のどこをどう読めばそう解釈できるのか、私には理解不能である。そもそも幣原は、「自らが憲法九条の発案者とされることに不快感を示した。昭和二十五年四月ごろ、民政局のハッシーに『ディスターブ』（迷惑）との苦情を寄せ、ワイルズにはマッカーサーとの会談で戦争放棄に言及したが、『憲法に入れることまでは言わなかつた』と語った[82]」とされており、二〇一七（平成二九）年三月に公刊された『昭和天皇実録　第十』にも、「天皇制維持の必要、及び戦争放棄等につき懇談を行った[83]」とあるだけで、「憲法」については一言も触れられていない。

幣原の孫の隆太郎は、「幣原喜重郎は、理想に燃えるというタイプの人ではなかった。すごく冷静な論理を追究して妥協を図るような人です[84]」と発言しているように、ペニシリン会談で幣原が述べたのは、決して「理想論[85]」や一般論ではなく、「すごく冷静な論理を追究し」た現実論であり、具体論（つまり、侵略戦争の放棄について）であったのである。笠原氏は、当時「マッカーサーの信任が最も厚かったGHQ民政局長[86]」ホイットニーが、その回想録『日本におけるマッカーサー――彼はわれわれに何を残したか』の中で、「幣原首相はペニシリンのお礼をいった後、今度、新憲法が起草される時には、戦争と軍事施設維持を永久に放棄する条項を含むよう提案した[87]」といっていることについても言及しているが、しかし本当にペニシリン会談で「新憲法」に戦争の放棄や戦力の不保持を「入れる」ことが話し合われたのであれば、それが「羽室メモ」や『昭和天皇実録　第十』に記録されていないはずはないのである。それがないということは、ペニシリン会談では「憲法」に関する話はなかったということであり、そしてそれは〝憲法の中に、戦争放棄条項を入れてくれるよう頼んだ〟という話もなかったということである。「厳密に史料に基づ」いて考察するならば、このように解釈するしかないのである。

八

笠原氏があげている、マッカーサーの証言や回顧録等にみられるペニシリン会談での幣原の発言にも疑問がある。三つの代表的な事例を取り上げて、この点を検証してみよう。

一九五一（昭和二六）年五月五日、アメリカ議会上院軍事・外交合同委員会においてマッカーサーは、次のように証言した(88)。

日本の内閣総理大臣幣原氏……がわたくしのところへやって来てこう申しました。「これはわたくしが長い間考え、信じてきたことですが、この問題を解決する道は唯一つ、戦争をなくすことです。」

かれはまた言いました。「軍人であるあなたにわたくしがこういうことを申し上げてもとていとり上げていただくわけにまいらないことは私も十分わかっておりますので、はなはだ申し上げにくい次第ですが、とにかく、わたくしは、現在われわれが起草している憲法の中にこのような規定を入れるよう努力したいのです。」

また、一九五五（昭和三〇）年一月二六日のロスアンジェルス市民午餐会（アメリカ在郷軍人会主催）では、彼は次のように述べた[89]。

そこで日本の賢明な幣原老首相がわたくしのところに来られて、日本人自身を救うには、日本人は、国際的手段としての戦争を放棄すべきであるということを強く主張されました。わたくしが賛成すると、首相は、わたくしに向かって「世界はわれわれを嘲笑し、非現実的な空想家であるといって、ばかにすることでしょうけれども、今から百年後には、われわれは予言者とよばれるに至るでありましょう」と言われました。

そして、一九六四（昭和三九）年の『マッカーサー大戦回顧録』（日本語版『マッカーサー回想記』朝日新聞社、一九六四年）では、次のように語っている[90]。

首相はそこで、新憲法を書上げる際にいわゆる「戦争放棄」条項を含め、その条項では同時に日本は軍事機構は一切もたないことをきめたい、と提案した。そうすれば、旧軍部がいつの日かふたたび権力をにぎるような手段を未然に打消すことになり、また日本にはふたたび戦争を起す意志は絶対にないことを世界に納得させるという、二重の目的が達せられる、というのが幣原氏の説明だった。

首相はさらに、日本は貧しい国で軍備に金を注ぎ込むような余裕はもともとないのだから、日本に残されている資源は何にもよらずあげて経済再建に当てるべきだ、とつけ加えた。

私は腰が抜けるほどおどろいた。……

現在生きている人で、私ほど戦争と、それがひき起こす破壊を経験した者はおそらく他にあるまい。……

私がそういった趣旨のことを語ると、こんどは幣原氏がびっくりした。氏はよほどおどろいたらしく、私の事務所を出る時には感きわまるといった風情で、顔を涙でくしゃくしゃにしながら、私の方を向いて「世界は私たちを非現実的な夢想家と笑いあざけるかも知れない。しかし、百年後には私たちは予言者と呼ばれますよ」といった。

九

マッカーサーのこれらの証言等を比較してみると、ペニシリン会談において幣原が戦争放棄を主張したり、提案したりしたという点では一致しているが、しかしその他の点、例えば①「軍事機構は一切もたない」（戦力不保持）について触れているのは、『回顧録』だけであること、②「憲法」の中に「戦争をなくす」、あるいは「戦争をなくす」ような「規定を入れるよう努力したい」とか、「いわゆる『戦争放棄』条項を……提案した」とか述べているのは、上院軍事・外交合同委員会での証言と『回顧録』であって、ロスアンジェルスの演説にはないこと、③「予言者」の話は、ロスアンジェルスでの演説と『回顧録』には出てくるが、上院軍事・外交合同委員会には出てこないこと等については、明確な差異がみられる。なお『回顧録』では、ペニシリン会談で「感きわまるといった風情で、顔を涙でくしゃくしゃにし」たのは幣原とされているが、「一」でみたように「羽室メモ」では「両手で手を握り涙を目にいっぱいためてその通りだと言い出した」のはマッカーサーの方である。

さて、こうした発言等が真実であるとするためには、③は除くとしても、①と②は完全に一致していなければならないはずである。しかし、見てのとおりそうはなっていない。ということは、マッカーサーのペニシリン会談に関する証言等は極めて疑わしいということである。

ところが、笠原氏は「幣原が憲法九条を発案してマッカーサーに提案した事実は、提案されたマッカーサーが『秘密会談』と『秘密合意』を公表してよい段階になって、具体的に語るようになり、さらに回想録にも記述したので、幣原の憲法九条発案の事実は両者の証言の符合により証明される[91]」といって、マッカーサーの証言や演説を全面的に信用する。その一方で、幣原本人の発言、例えば二月二二日の閣議での発言については、これを記録した芦田の日記が「誤っている」とか、幣原が「芝居を打った」とかいって、全然取り合わない。笠原氏はまた「憲法九条幣原発案説を否定する人たちが、朝鮮戦争勃発後、日本の再軍備が必要になったマッカーサーが『軍備全廃』を押しつけた誤りを自己弁護するために、幣原発案説を主張するようになったというのは、下衆の勘繰りに近いといえよう[92]」と述べて、「憲法九条幣原発案説を否定する」日本の「憲法学者・政治学者」たちを批判する。しかし、これではまるで、アメリカ人がいうことは信じられるが、日本人がいうことは（平野や入江等を除いて）信用できないといわんばかりではないか。幣原本人の発言でさえ、まともに信じない人が「憲法九条はマッカーサーによって『押しつけられた』のではなく、日本の首相の幣原の発案によるものであ」るというのであるから、これはもうお笑い沙汰である。

十

憲法制定前後におけるマッカーサーの第九条発言も、占領政策の転換に伴って、大幅に変化しているので、これもみておくことにしよう。

よく知られているように、一九四六（昭和二一）年二月二日、ホイットニーから憲法改正に関する提言（「憲法改正案が正式に出される前に彼らに指針を与えるほうが、戦術として優れていると考える[93]」）を受けたマッカーサーは、翌三日、ホイットニーにマッカーサー・ノートを提示したが、その第二項目は自衛戦争の放棄を含む徹底した戦争の放棄であった（「国権の発動たる戦争は、廃止する。日本は、紛争解決のための手段としての戦争、さらに自己の安全を保持するための手段としての戦争をも、放棄する。日本は、その防衛と保護を、今や世界を動かしつつある崇高な理想に委ねる。／日本が陸海空軍をもつ権能は、将来も与えられることはなく、交戦権が日本軍に与えられることもない[94]」）。また、同年四月五日の対日理事会第一回会議でも、マッカーサーは「提案されたこの新憲法の条項はいずれも重要で、その各項、その全部が、ポツダムで表現された所期の目的に貢献するものであるが、私は特に戦争放棄を規定する条項について一言したいと思う。これはある意味においては、日本の戦力崩壊からきた論理的帰結に外ならないが、さらに一歩進んで国際的分野において、戦争に訴える国家の主権を放棄せんとするものである。日本はこれによつて、正義と寛容と、社会的ならびに政治的道徳の厳律によつて支配される国際集団への信任を表明し、かつ自国の安全をこれに委託したのである[95]」と述べるとともに、「非現実的な『夢物語』であるとする批判に対して反論し……『皮肉家はこの第九条の規定を夢のような子供らしい理想と見るかも知れないが、現実家はこれをより深い意味に見るであろう』として、その意義を強調し[96]」ていたのである。

ところが、朝鮮戦争が始まる一九五〇（昭和二五）年の「年頭声明」では、「この憲法の規定はたとえどのような理屈はならべようとも、相手側から仕掛けてきた攻撃にたいする自己防衛の冒しがたい権利を全然否定したものとは絶対に解釈できない。……略奪をこととする国際的な盗賊団が今日のように強欲と暴力で、人間の自由を破壊しようと地上を徘徊しているかぎり、諸君のかかげるこの高い理想も全世界から受け入れられるまでにはかなりの時間がかかるものと考えなければならない[97]」といって、「日本の自衛権を強調[98]」し始め、さらに翌一九五一（昭和二六）年の「年頭のメッセージ」になると、「日本憲法は国家の政策の具としての戦争を放棄している。……しかしながらもし国際的な無法律状態が引続き平和を脅威し、人々の生活を支配しようとするならば、この理想がやむを得ざる自己保存の法則に道を譲らねばならなくなることは当然であり、自由を尊重する他の人々と相携えて、国際連合の諸原則のわく内で、力を撃退するに力をもってすることが諸君の義務となるだろう[99]」とまで述べるに至ったのである。

十一

マッカーサーの発言が、これほどまでに劇的に変化していることを踏まえるならば、「八」でみたマッカーサーのペニシリン会談に関する証言等は、袖井林二郎がいうように「おそらくマッカーサーにとっては、戦後の束の間の平和期に自分の心にしのびこんだ感傷……から生れた戦争放棄条項を、朝鮮戦争の勃発によってみずから否定しなければならなかったことが、心の傷となったのではなかろうか。五年後の歴史の予見に失敗したことも戦略家として不名誉な話である。だから、せめて戦争放棄条項の発案者という十字架を幣原に転嫁することによって、歴史に対する責任をまぬがれようとしたと考えるべきで[100]」あろう。したがって、「憲法九条幣原発案説を否定する人たちが、……マッカーサーが『軍備全廃』を押しつけた誤りを自己弁護するために、幣原発案説を主張するようになったというのは、下衆の勘繰りに近いといえよう」という笠原氏の発言は、それこそ「下衆の勘繰りに近いといえよう」。

また、一九四八（昭和二三）年三月五日に行われたマッカーサーとジョージ・F・ケナン（米国務省政策立案本部長）との会談でも、マッカーサーは「いかなる時でも武力の行使を放棄するという憲法の条項は日本側の発意の結果であって、自分が日本人に押しつけたものではない。戦争の結果は、日本人の心理に深く影響したし、かれらの戦力放棄はおそるべき国民的体験にたいする反応を反映したものである(101)」と語ったとされるが、笠原氏は「このマッカーサーの憲法九条は『日本側の発意の結果』という発言は、幣原との『秘密会談』による『秘密合意』を踏まえていることは容易に推測できよう。……ここに、マッカーサー発言を紹介したのは、一九五〇年朝鮮戦争勃発前に憲法九条は『日本側の発意』と明言しているからである(102)」と述べる。「幣原との『秘密会談』による『秘密合意』を踏まえていることは容易に推測できよう」とは、マッカーサーとの「『秘密会談』において、……幣原が発案したものをマッカーサーの命令によって『押しつけられた形にする』という『秘密合意』」のこと（「五」参照）であろうが、しかしこれはあくまでも「捏造」「偽造」文書である「平野文書」に基づく議論であって、とても信用できないし、またマッカーサーの「いかなる時でも武力の行使を放棄するという憲法の条項は日本側の発意の結果であって、自分が日本人に押しつけたものではない」という発言も、彼が「自己弁護」のために行ったものであるとみるのが、自然であろう。マッカーサーの「自己弁護」はすでに、朝鮮戦争開始以前から始まっていたのである。

ちなみに、民政局の将校たちの発言については、山室信一が言っているように「一九五〇年にマッカーサーが日本の再軍備化を要請して以降のＧＨＱ関係者の証言は、戦争放棄条項自体が非現実的選択であったことを強調し、再軍備を正当化する必要もあって、自らが起草した当時の意図をその正当性に沿って説明しがちであり、事実とは異なる場合が多いことに留意しておく必要がある[103]」であろう。

十二

幣原の長男・道太郎が、「父は三月二十日以前とそれ以後とでは矛盾したことを言い[104]」出したと述べているとおり、当初、戦争の全面的放棄に抵抗を示していた幣原であったが、この日を境として、枢密院や議会等で戦争放棄や戦力不保持の意義を積極的に説くようになる。この契機となったのは、ＧＨＱから手交された総司令部案に対して、二月二二日天皇から「これでいいじゃないか[105]」という承諾を得たことであろう。幣原はこれ以降、親交のあった紫垣隆に語ったように「耐え難きを耐え、忍ぶべからざるを忍び、他日の再起を期して屈辱に甘ん[106]」じる決意を固めたのであった（紫垣は、幣原が「平野某が如く、自発的に情熱を傾け、『象徴天皇』や『戦争放棄』を進んで創案したのであれば、「このような悲哀の言を吐くわけもな[107]」いといって、「平野文書」を批判している）。昭和天皇というこの上ない後ろ盾を得て、幣原が「憲法九条は自分の発案のように発言し[108]」始めたのが、三月二〇日の枢密院非公式会議であったというわけである。したがって、三月二〇日以前の発言とそれ以後の発言とは区別して考えるべきであって、三月二〇日以後のものだけを根拠として『芦田均日記』の記述を否定する笠原氏の議論には、賛同できないのである。

また笠原氏は、道太郎の「第九条は父の本心に反して押付けられたにも拘わ《ママ》らず、占領下にあって真相を一切口にすることの出来なかった父が涙を呑んで自らを提案者と言わせられた[109]」、「第九条幣原提案説は百%マッカーサーの嘘である[110]」という発言について、「幣原道太郎は、父はアメリカ軍占領下の『牢名主』であったとまで決めつけ、父の真意を理解できなかったのである[111]」として、幣原が貴族院で「帝国憲法改正案の審議がおこなわれた際に、……憲法九条の思想と理念について、熱をこめて答弁し[112]」た発言（一九四六〔昭和二一〕年八月三〇日の貴族院本会議等）こそが彼の「本音」であり、「幣原道太郎の否定説は、三月二〇日の貴族院において幣原喜重郎が憲法九条は自分の発案のように発言して以後、幣原喜重郎が憲法九条は自分の発案であると話した事実は認めている。道太郎はそれをマッカーサーに強制された父の本音でなかったと強く思いこんでいるだけである。逆手に取れば、幣原喜重郎の憲法九条発案の言説を証明するものになっている[113]」といい切る。

笠原氏は、幣原の「本意」をまったく「理解できなかった」ようである。「四」でみたように、幣原の〝熱をこめた答弁〟は彼の「本音」ではなかったのであり、笠原氏はその「本音」ではない答弁を「本音」であると「強く思いこんでいるだけ」なのである。ここまでくるとさすがに、「幣原発案説を否定する論者の誤りと問題点については、いちいち批判して説明する自信がある。歴史事実に立つ者の強みである[114]」という笠原氏の誇らしげな発言は、ただ空しく聞こえるだけである。

笠原氏の主張は、あまりにも独善的である。笠原氏は、幣原が「自衛戦争といいながら侵略戦争に移ることがしばしばあるので、自衛戦争そのものが非常に危険なのだということを前前から言っておった」とする入江俊郎の記録（『日本国憲法制定の経緯』[115]）を引用し、これは「法制局次長（後に法制局長官）の立場からの証言[116]」であり、厚生相であった芦田の日記よりも「幣原内閣における憲法改正問題の審議を知るうえでの史料的価値が高いことはいうまでもない[117]」と述べる。法制局次長の「証言」が、「史料的価値が高いことは」確かであろうが、しかしでは国務大臣の「証言」は「史料的価値」が低く、信用できないというのであろうか。いやはや、その〝思い込み〟には脱帽する他ない。「平野文書」の「捏造」「偽造」さえ見抜けない人が、よくもまあこんなことがいえたものである。このようなご都合主義的な議論を繰り返していたのでは、「憲法九条幣原発案否定論者」から痛烈な批判が返ってくることは必至であろう。

十三

第九条＝幣原発案説の最大の弱点は何といっても、幣原が二月二二日に行った閣議報告であろう[118]。それは、マッカーサーが「日本の為めに図るに寧ろ第二章（草案）の如く国策遂行の為めにする戦争を抛棄すると声明して日本がMoral Leadershipを握るべきだと思ふ」と述べたのに対し、幣原が「leadershipと言はれるが、恐らく誰もfollowerとならないだらう」と反論した発言（道太郎のいう「父がマッカーサー憲法草案につき、初めてマッカーサーと面会したとき、饒舌のマッカーサーを押さえて、第九条で世界のリーダーシップを握ると言われるが『誰もついて来る者はあるまい』（……）と反駁した一言[119]」）である。笠原氏が、この発言をどう解釈しようが、また幣原が「芝居を打った」とか、『芦田均日記』が「誤っている」「聞き違えた」とか述べようが、この事実がある以上、幣原発案説は否定されざるを得ない。

笠原氏によれば、幣原は戦前からすでに立派な国際協調主義者（「幣原外交」）であり、平和主義者であったとされる[120]。しかし、それならばどうして、「戦前、外交官として日本の侵略戦争に反対せず、植民地支配を肯定していた、敗戦後も日本の侵略戦争を反省した言説はみられない[121]」のか。確かに「日本の満蒙領有を批判した[122]」石橋湛山（東洋経済新報社主幹）のような「評論人」とは違って、幣原が「外相として政権を担う立場にいた[123]」ことは考慮されなければならないが、しかし「日本の侵略戦争に反対せず、植民地支配を肯定し」、「敗戦後も日本の侵略戦争を反省した言説」のみられない幣原に、戦争の全面的放棄が発案できたとは毛頭考えられない。また幣原発案説の中には、幣原が一九四六（昭和二一）年一月三〇日の閣議で、「憲法から軍の規定を削ることを再三主張してい[124]」たことを以て、彼があたかも第九条の提案者であったかのように説く見解もあるが[125]、しかしこの発言は「軍の規定を憲法の中に置くことは、連合国はこの規定について必ずめんどうなことを言うにきまっておる。将来軍ができるということを前提として憲法の規定を置いておくということは今日としては問題になるのではないかと心配する。この条文を置くがために司令部との交渉に一、二箇月もひっかかってしまいはしないか[126]」というものであったのであり、何も戦力の不保持＝戦争の全面的放棄を主張したものではなかったのである。

幣原の「発言と挙動」が、「他の閣僚や側近に対しさらには対社会的に、夫々の具体的状況や相手に応じて問題の二面性（「戦争・戦力放棄の発想に対する拒絶と進取」—引用者注）が異なった仕方で漏らされ表明され、また、総理大臣の調整とまとめ役（老練の外交政治家）の立場から多様にとらえうる[127]」側面を持っていたことは否めないが、しかし彼のペニシリン会談での「戦争を世界中がしなくなる様になるには戦争を放棄するという事以外にない」という発言と、二月二二日の閣議における「leadership と言はれるが、恐らく誰も follower とならないだらう」という発言を矛盾なく理解しようとすれば、やはり幣原の「本意」は不戦条約における戦争放棄、すなわち〝侵略戦争の放棄〟であったとみるのが、妥当であろう。笠原氏は、「幣原の平和思想はきわめて現在的な、人類を核戦争による滅亡にいたらせないための核兵器の全廃であり、その先駆としての憲法九条における日本の軍備全廃であった[128]」と述べるが、道太郎が「わが父は……兵備のない国家は国家でないというその考えを窺わせてい[129]」たと語っているように、幣原は戦争の全面的放棄はもとより、軍備の全廃など——「羽室メモ」に「かねて考えた世界中が戦力をもたないという理想論を始め[130]」とあるところからすれば、そういう理想は持っていたのかもしれないが、しかし現実的な政策論としては——微塵も考えていなかったのである。

ちなみに、『憲法九条と幣原喜重郎』の中には明記されていないが、笠原氏は法学館憲法研究所のホームページ「オピニオン 憲法九条発案者をめぐる論争に『終止符』を」（二〇二〇年六月一五日）の中で、幣原が「戦争放棄」「軍備全廃」と並んで「交戦権放棄」についても、憲法に入れるようマッカーサーに提案したと述べている。しかしこれは、あり得ない話である。なぜなら、「交戦権」という用語は、総司令部案（及びマッカーサー・ノート）に「特有の概念」であったからである。したがって、そのような「特有の概念(131)」を、幣原がペニシリン会談で語ったはずがなかったのである。

十四

憲法第九条＝幣原発案説が今日でも、有力に主張されていることは、「二」でみたとおりである。しかし、それらの中には、論者の〝願い〟や〝思い込み〟が優先し、「史料の裏付けもせずに、推測だけで議論を展開している」ものも、決して少なくないように思われる。

結局、憲法第九条＝幣原発案説は一九四六（昭和二一）年三月二〇日以降になされた幣原の「本意」ではない「屈辱に甘ん」じた発言と、マッカーサー（及びホイットニー等）の占領政策の転換に伴う「自己弁護」のための偽証、さらには幣原の「秘書役」であったとされる平野三郎の「捏造」「偽造」文書等によって創作された〝虚構〟であると断ぜざるを得ないのである。

十五

その後、笠原氏は二〇二三（令和五）年四月、『憲法九条論争――幣原喜重郎発案の証明』（平凡社新書 一〇二七）平凡社、二〇二三年を上梓され、幣原発案説の正当性をいっそう強調なさっている。前著同様、「平野文書」は「『幣原でなければ言えない事実』が記録されている」[132]として、「幣原発案を全面的に証明する史料」[133]として最大限に重視する。つまり、笠原氏にとって、「平野文書」は制憲史の真実を写し取った、まさしく真正の書なのである。したがって、その内容に決定的な誤りがあってはならない。そこで、「平野文書」と歴史事実との間に矛盾や齟齬がみつかれば、笠原氏は独自の解釈や「推測」を行って、その疑問を解決しようとする。

例えば、「平野文書」では平野が幣原から話を聞き取った日は「昭和二十六年二月下旬である。……、まとまったお話を承ったのは当日だけであ」るとされているが、笠原氏はこれは平野の「記憶違い」であるとして、「……幣原の秘書役をつとめていた平野は、暇なときに……幣原邸を訪ねて、いろいろと憲法について話を聞いていたのである。『平野文書』に書かれているような一日ではなかったことは明瞭である」[134]と述べる。なぜなら、ある学者の調査で幣原から話を聞き取った「昭和二十六年二月下旬」の「当日」に該当する日がないことがわかったからである。平野の「記憶違い」を強調することで、この問題を切り抜けようとしたのである。

しかしここで、笠原氏は重大なミスを犯してしまった。というのは、平野自身は「平野文書」は当時のメモを基に書いたものであるといっているが、これだけのものを書くには「プロの速記者」の同席が必要であるとされることや、彼が憲法調査会への原本の提出を拒んだことなどが明らかになると、笠原氏は「平野文書」は「記憶力がよかった[135]」平野が記憶に基づいて書いたものであるといい出したのである。だが、そうなると今度は、平野が本当に「記憶力がよかった」のか、というそもそもの疑問にぶち当たることになる。「記憶力がよかった」のであれば、幣原から話を聞いた日を間違えるような失態を犯すはずがないからである。笠原氏の議論は、混乱している。しかも、笠原氏が述べる「記憶力がよかった」とする根拠は、「平野は幣原の平和思想に共鳴していたので、幣原が語ったことを、砂漠に水が沁みとおるように記憶していたと思われる[136]」というにすぎない。史料的根拠の提示を（当然といえば当然であるが）うるさく述べているのは、他ならぬ笠原氏である。その笠原氏が、史料的根拠も示さずに、「砂漠に水が沁みとおるように記憶していたと思われる」とは、いったい何事であろうか。これが許されるのであれば、どんな議論でも、論者がそう思えば、それが真実ということになってしまう。呆れ返る他ない。

また笠原氏は、こうもいっている。「平野は自分の記憶力には自信があったのではないかと思われるが、『平野文書』や自身の著書の原稿を書きながら、年月日や歴史事項について、辞書や年表などで確認することなく原稿を書き進めたと思われ、……誤認、誤記が散見する[137]」。何としてでも「平野文書」を弁護しようという、涙ぐましい努力の跡（平野が、自分の記憶力に自信があろうがなかろうが、問題は客観的にみて平野が「記憶力がよかった」かどうかである）がみられるが、「……年月日や歴史事項について、辞書や年表などで確認することなく原稿を書き進めたと思われ、……誤認、誤記が散見する」ようないい加減なものにどれほどの史料的価値があるというのか、疑問である。笠原氏は、墓穴を掘ったのではないか。

さらに笠原氏は、「平野文書」に書かれていないこと（例えば、「幣原が松本国務大臣を欺いて申し訳なかったと言ったこと」[138]）まで書かれているかのように平然と述べる。笠原氏は、事実ですら改竄しているのである。もはや議論云々の段階ではない。こんな調子で、「平野文書」は真正の書であるといわれても、果たしてどこの誰が信じるというのであろうか。

笠原氏が、「平野文書」を擁護すればするほど、そして幣原発案説を説けば説くほど、――同氏の期待とは裏腹に――幣原発案説への疑問は高まるばかりである。笠原氏は、もうこの辺でこだわりを捨てて、真実に向き合うべきなのではないだろうか。

注

（1）中村克明「憲法第九条の発案者について――幣原喜重郎の〝真意〟をとおして」『関東学院大学人文学会紀要』一四五、二〇二一年。
（2）大須賀明［ほか］編『三省堂憲法辞典』三省堂、二〇〇一年、四一八頁。
（3）「戦争抛棄ニ關スル條約」一九二八（昭和三）年八月二七日署名、一九二九（昭和四）年七月二四日発効。
（4）「戦争抛棄に関する条約（不戦条約）締結問題」外務省編纂『日本外交文書　昭和期Ⅰ　第二部　第一巻』外務省、一九六八年、四一七頁。

（5）寺島俊穂「幣原喜重郎と戦争放棄条項」『關西大學法學論集』七二（五）、二〇二三年、六七頁。
（6）大嶽秀夫編・解説『戦後日本防衛問題資料集　第一巻』三一書房、一九九一年、六六頁。
（7）大越哲二『マッカーサーと幣原総理――憲法九条の発案者はどちらか』大学教育出版、二〇一八年、六〇頁。
（8）小林直樹『憲法第九条』（岩波新書　黄版　一九六）岩波書店、一九八二年、三八頁。古関彰一『新憲法の誕生』（中公叢書）中央公論社、一九八九年、七三―七四頁。山室信一『憲法九条の思想水脈』（朝日選書八二三）朝日新聞社、二〇〇七年、二四七―二四八頁。等。
（9）前掲、古関彰一『新憲法の誕生』九五頁。
（10）高柳賢三［ほか］編著『日本国憲法制定の過程――連合国総司令部側の記録によるⅠ（原文と翻訳）』有斐閣、一九七二年、九九頁。
（11）深瀬忠一『戦争放棄と平和的生存権』岩波書店、一九八七年、一二九頁。
（12）前掲、大嶽秀夫編・解説『戦後日本防衛問題資料集　第一巻』六六頁。
（13）五百旗頭真「歴史の咎を『戦後責任』で超えるとき」『中央公論』一二〇（一〇）、二〇〇五年、二三〇―二三五頁。
（14）竹前栄治『ＧＨＱ』（岩波新書　黄版　二三二）岩波書店、一九八三年、一六六―一六七頁。
（15）前掲、山室信一『憲法九条の思想水脈』二七五―二七六頁。
（16）田中英夫『憲法制定過程覚え書』有斐閣、一九七九年、一〇〇頁。
（17）河上暁弘「『高柳賢三・マッカーサー往復書簡』と憲法九条制定過程」阪口正二郎［ほか］編集『憲法の思想と発展――浦田一郎先生古稀記念』信山社、二〇一七年、六八頁。
（18）笠原十九司『憲法九条と幣原喜重郎――日本国憲法の原点の解明』大月書店、二〇二〇年、三一頁。

(19) 同右、五―六頁。

(20) 同右、六頁。

(21) 同右、四〇五頁。

(22) 毎日新聞社編『〝社会党政権〟下の安全保障――国会方式七〇年への質問戦』毎日新聞社、一九六九年。福島新吾『非武装の追求――現代政治における軍事力』サイマル出版会、一九六九年。石橋政嗣『増補　非武装中立論』日本社会党中央本部機関紙局、一九八三年。等。

(23) 佐藤功『日本国憲法概説（全訂第五版）』学陽書房、一九九六年、一〇〇頁。

(24) 星野安三郎『平和に生きる権利』（現代の人権双書　一）法律文化社、一九七四年。前掲、深瀬忠一『戦争放棄と平和的生存権』二二五―二四五頁。山内敏弘『平和憲法の理論』日本評論社、一九九二年、二四五―三〇八頁。小林武『平和的生存権の弁証』日本評論社、二〇〇六年。小林武『平和的生存権の展開』日本評論社、二〇二一年。等。

(25) 深瀬忠一［ほか］編『恒久世界平和のために――日本国憲法からの提言』勁草書房、一九九八年、五一三―六四四頁。小林直樹『平和憲法と共生六十年――憲法第九条の総合的研究に向けて』慈学社、二〇〇六年、五三三―六一八頁。等参照。

(26) 橋本公亘『憲法（改訂版）』（現代法律学全集　二）青林書院新社、一九七六年、三九二頁。

(27) 前掲、小林直樹『憲法第九条』一五九頁。

(28) 前掲、深瀬忠一『戦争放棄と平和的生存権』四九七頁。

(29) 前掲、小林直樹『憲法第九条』六一頁。

(30) 同右、三九頁。

(31) 浦田一郎『自衛隊加憲論の展開と構造――その憲法学的分析』日本評論社、二〇一九年。山内敏弘『安倍

改憲論のねらいと問題点』日本評論社、二〇二〇年、一―六七頁。伊藤真［ほか］『九条の挑戦――非軍事中立戦略のリアリズム』大月書店、二〇一八年、七七―八五頁。等。
(32) 前掲、笠原十九司『憲法九条と幣原喜重郎――日本国憲法の原点の解明』二八一頁。
(33) 同右、二九三頁。
(34) 同右、二六五頁。
(35) 同右。
(36) 同右、一九三・二六五頁。
(37) 佐々木雄一「明治憲法体制における首相と内閣の再検討――「割拠」論をめぐって」『年報政治学』七〇(一)、二〇一九年、二五七頁。
(38) 同右、二五八頁。
(39) 前掲、古関彰一『新憲法の誕生』一二九頁。
(40) 前掲、高柳賢三［ほか］編著『日本国憲法制定の過程――連合国総司令部側の記録による Ⅰ（原文と翻訳）』二七三頁。
(41) 前掲、大嶽秀夫編・解説『戦後日本防衛問題資料集 第一巻』七九頁。
(42) 前掲、笠原十九司『憲法九条と幣原喜重郎――日本国憲法の原点の解明』三五三―三五四頁。
(43) 参議院事務局編『分類帝国憲法改正審議録 戦争放棄編』新日本法規出版、一九五二年、三二〇頁。
(44) 前掲、笠原十九司『憲法九条と幣原喜重郎――日本国憲法の原点の解明』三五四頁。
(45) 同右、三八〇頁。
(46) 塩田純『九条誕生――平和国家はこうして生まれた』岩波書店、二〇一八年、一七八頁。
(47) 袖井林二郎『マッカーサーの二千日（改版）』（中公文庫）中央公論新社、二〇一五年、二〇三頁。

(48) 前掲、笠原十九司『憲法九条と幣原喜重郎――日本国憲法の原点の解明』二三九頁。
(49) 同右、二三八頁。
(50) 同右、二五六頁。
(51) 同右、二六〇頁。
(52) 種稲秀司『幣原喜重郎』(人物叢書〔新装版〕) 吉川弘文館、二〇二一年、二一八頁。
(53) 前掲、塩田純『九条誕生――平和国家はこうして生まれた』七四頁。
(54) 佐々木髙雄『戦争放棄条項の成立経緯』成文堂、一九九七年、二一二―二一三頁。
(55) みんなの知識委員会「みんなの知識ちょっと便利帳『幣原喜重郎元首相が語った日本国憲法――戦争放棄条項等の生まれた事情について』」https://www.benricho.org/kenpou/ shidehara-9jyou.html (参照二〇二三年三月一六日)。
(56) 前掲、大嶽秀夫編・解説『戦後日本防衛問題資料集 第一巻』六六頁。
(57) 前掲、みんなの知識委員会「みんなの知識ちょっと便利帳『幣原喜重郎元首相が語った日本国憲法――戦争放棄条項等の生まれた事情について』」。
(58) 長谷川正安［ほか］編『安保体制と法』三一書房、一九六二年、一―六六頁。民科法律部会編『安保条約――その批判的検討』(『法律時報(臨時増刊)』四一(六)、一九六九年。深瀬忠一・山内敏弘『安保体制論』(文献選集日本国憲法 一四) 三省堂、一九七八年。遠藤誠治責任編集『日米安保と自衛隊』(日本の安全保障 第二巻) 岩波書店、二〇一五年。等。
(59) 前掲、小林直樹『憲法第九条』一二一頁。
(60) 前掲、笠原十九司『憲法九条と幣原喜重郎――日本国憲法の原点の解明』二三八頁。
(61) 同右、二八六頁。

(62) 前掲、種稲秀司『幣原喜重郎』二七七頁。
(63) 前掲、笠原十九司『憲法九条と幣原喜重郎――日本国憲法の原点の解明』二三六頁。
(64) 同右、二三九頁。
(65) 前掲、佐々木高雄『戦争放棄条項の成立経緯』二一六頁。
(66) 同右、二二〇頁。
(67) 前掲、種稲秀司『幣原喜重郎』二一九頁。
(68) 同右、二一八―二一九頁。
(69) 同右、二一九頁。
(70) 前掲、佐々木高雄『戦争放棄条項の成立経緯』二二一頁。
(71) 同右、二二〇頁。
(72) 前掲、笠原十九司『憲法九条と幣原喜重郎――日本国憲法の原点の解明』二九六頁。
(73) 前掲、塩田純『九条誕生――平和国家はこうして生まれた』七〇頁。
(74) 法学館憲法研究所「二〇二〇年六月一五日 オピニオン 憲法九条発案者をめぐる論争に『終止符』を 笠原十九司さん（都留文科大学名誉教授）」https://www.jicl.jp/articles/opinion_20200615.html（参照二〇二二年三月二一日）。
(75) 前掲、大越哲二『マッカーサーと幣原総理――憲法九条の発案者はどちらか』二〇六頁。
(76) 古関彰一『平和憲法の深層』（ちくま新書 一一一二）筑摩書房、二〇一五年。
(77) 横田喜三郎『戰爭の放棄』（新憲法大系 四）國立書院、一九四七年、二六―八四頁。法學協會［編］『註解日本國憲法 上卷』有斐閣、一九五三年、一八七―二八〇頁。宮澤俊義、芦部信喜補訂『全訂日本国憲法』日本評論社、一九七八年、一五三―一八二頁。前掲、佐藤功『日本国憲法概説（全訂第五版）』七三―

一二二頁。芦部信喜『憲法学Ⅰ（憲法総論）』有斐閣、一九九二年、二五〇―三〇一頁。前掲、深瀬忠一『戦争放棄と平和的生存権』二〇四―二八九頁。杉原泰雄『憲法Ⅱ（統治の機構）』（有斐閣法学叢書 七）有斐閣、一九八九年、九三―一五九頁。樋口陽一［ほか］『憲法Ⅰ（前文・第一条〜第二〇条）』（注解法律学全集 一）青林書院、一九九四年、一三七―一七四頁。前掲、山内敏弘『平和憲法の理論』五三―二四三頁。麻生多聞『憲法九条学説の現代的展開――戦争放棄規定の原意と道徳的読解』法律文化社、二〇一九年、一一―三〇二頁。等。

(78) 前掲、古関彰一『新憲法の誕生』三頁。

(79) 前掲、笠原十九司『憲法九条と幣原喜重郎――日本国憲法の原点の解明』九頁。

(80) 同右、一〇頁。

(81) 前掲、大嶽秀夫編・解説『戦後日本防衛問題資料集 第一巻』六六頁。

(82) 前掲、種稲秀司『幣原喜重郎』二七四頁（憲法調査会事務局編集『憲法制定の経過に関する小委員会報告書』大蔵省印刷局、一九六一年、三二九頁参照）。

(83) 宮内庁『昭和天皇実録 第十』東京書籍、二〇一七年、二三頁。

(84) 前掲、塩田純『九条誕生――平和国家はこうして生まれた』八二頁。

(85) 前掲、田中英夫『憲法制定過程覚え書』九六―九七頁。

(86) 前掲、笠原十九司『憲法九条と幣原喜重郎――日本国憲法の原点の解明』二八二頁。

(87) コートニー・ホイットニー著、毎日新聞社外信部訳『日本におけるマッカーサー――彼はわれわれに何を残したか』毎日新聞社、一九五七年、九一頁。

(88) 前掲、笠原十九司『憲法九条と幣原喜重郎――日本国憲法の原点の解明』二七一―二七二頁。

(89) 同右、二七五頁。

(90) 同右、二七八―二七九頁。
(91) 同右、二六六頁。
(92) 同右、二七六―二七七頁。
(93) 前掲、山室信一『憲法九条の思想水脈』二四八頁。
(94) 前掲、大嶽秀夫編・解説『戦後日本防衛問題資料集 第一巻』六七頁。
(95) 同右、九六頁。
(96) 前掲、佐藤功『日本国憲法概説（全訂第五版）』九八頁。
(97) 前掲、大嶽秀夫編・解説『戦後日本防衛問題資料集 第一巻』二三五頁。
(98) 前掲、小林直樹『憲法第九条』三七頁。
(99) 大嶽秀夫編・解説『戦後日本防衛問題資料集 第二巻』三一書房、一九九二年、二八頁。
(100) 前掲、袖井林二郎『マッカーサーの二千日（改版）』二〇六頁。
(101) 前掲、笠原十九司『憲法九条と幣原喜重郎――日本国憲法の原点の解明』二六九頁。
(102) 同右、二七〇頁。
(103) 前掲、山室信一『憲法九条の思想水脈』二五五頁。
(104) 幣原道太郎「解説」幣原喜重郎『外交五十年』原書房、一九七四年、三三四頁。
(105) 前掲、塩田純『九条誕生――平和国家はこうして生まれた』一四三頁。
(106) 同右、七九―八〇頁。
(107) 同右、八〇頁。
(108) 前掲、笠原十九司『憲法九条と幣原喜重郎――日本国憲法の原点の解明』三八一頁。
(109) 前掲、幣原道太郎「解説」幣原喜重郎『外交五十年』三二五頁。

(110) 同右、三二三頁。
(111) 前掲、笠原十九司『憲法九条と幣原喜重郎――日本国憲法の原点の解明』三八一頁。
(112) 同右。
(113) 同右。
(114) 同右、九頁。
(115) 同右、三六四頁。
(116) 同右、三六五頁。
(117) 同右、三六三頁。
(118) 前掲、古関彰一『新憲法の誕生』一〇六頁。前掲、古関彰一『平和憲法の深層』五八―六二頁。
(119) 前掲、幣原道太郎「解説」幣原喜重郎『外交五十年』三二四頁。
(120) 前掲、笠原十九司『憲法九条と幣原喜重郎――日本国憲法の原点の解明』二七―八七頁。
(121) 同右、六頁。
(122) 同右、八二頁。
(123) 同右。
(124) 佐藤達夫『日本国憲法成立史 第二巻』有斐閣、一九六四年、六三四頁。
(125) 前掲、山室信一『憲法九条の思想水脈』二八〇頁。
(126) 前掲、塩田純『九条誕生――平和国家はこうして生まれた』八八頁。
(127) 前掲、深瀬忠一『戦争放棄と平和的生存権』一三六―一三七頁。
(128) 前掲、笠原十九司『憲法九条と幣原喜重郎――日本国憲法の原点の解明』八頁。
(129) 前掲、幣原道太郎「解説」幣原喜重郎『外交五十年』三二六頁。

(130) 前掲、大嶽秀夫編・解説『戦後日本防衛問題資料集 第一巻』六六頁。
(131) 前掲、山室信一『憲法九条の思想水脈』一七頁。
(132) 笠原十九司『憲法九条論争——幣原喜重郎発案の証明』（平凡社新書 一〇二七）平凡社、二〇二三年、三一頁。
(133) 同右。
(134) 同右、二八頁。
(135) 同右、三二〇頁。
(136) 同右。
(137) 同右、三二一頁。
(138) 同右、三一〇頁。

第二章　憲法第九条の解釈に関する考察
——長沼ミサイル基地事件訴訟・札幌地裁判決を中心に

原爆投下の廃墟の中から生まれた憲法九条の不戦主義は「人間性の最善の部分」の体現である。これを愚直に信じ、主張し、実践することは平和学の本質に適っており、二一世紀における平和学のアジェンダを構成する。

岡本三夫「新世紀の平和学のアジェンダ」

一　はじめに

今から五一年前の一九七三（昭和四八）年九月七日、ミサイル基地（航空自衛隊）の建設をめぐって、自衛隊の「違憲性」が争われた、いわゆる長沼ミサイル基地事件訴訟において、札幌地裁（福島重雄裁判長）は自衛隊を違憲とする画期的な判決を下した(1)（以下、同判決を「札幌地裁判決」と略称する）。この判決に対しては、当然の如く、日米安保体制を強力に推進してきた政府・自由民主党や保守右翼勢力から猛烈な批判があったが、野党や市民団体、憲法学界等からは総じて歓迎されたようである。札幌地裁判決は、「九条解釈を踏まえた上で自衛隊の実態審理を詳細に行い、自衛隊が九条で保持を禁止した軍隊にほかならないこと」[2]を、次のように明快に判示したのである。[3]

以上認定した自衛隊の編成、規模、装備、能力からすると、自衛隊は明らかに「外敵に対する実力的な戦闘行動を目的とする人的、物的手段としての組織体」と認められるので、軍隊であり、それゆえに陸、海、空各自衛隊は、憲法第九条第二項によつてその保持を禁ぜられている「陸海空軍」という「戦力」に該当するものといわなければならない。そしてこのような各自衛隊の組織、編成、装備、行動などを規定している防衛庁設置法（昭和二九年六月九日法律第一六四号）、自衛隊法（同年同月同日法律第一六五号）その他これに関連する法規は、いずれも同様に、憲法の右条項に違反し、憲法第九八条によりその効力を有しえないものである。

小林直樹は、この判決を「魂をこめて読まれるべき重大な文書だといわなければならない」[4]と称賛したが、しかし冷戦の終結（東欧革命、ソ連の崩壊）に伴う国際社会の激変は、日本の政治、経済や平和をめぐる状況にも多大な影響を及ぼさずにはいなかった。とりわけ、近年（第二次安倍晋三内閣［二〇一二〈平成二四〉年一二月］〜第二次岸田文雄内閣）の、積極的平和主義の提唱、集団的自衛権の行使、安保法制の強行採決、核共有、敵基地攻撃能力（政府のいう「反撃能力」）の保有、防衛費GDP比二％（日本の防衛関係費［軍事費］は、世界で二〜四位のレベルにあるとされ[5]、本年度のそれは七・九兆円に達する）、台湾有事への備え、辺野古代執行、次期戦闘機の輸出解禁、日米「指揮統制」の統合等といった、日本の軍事をめぐる急展開には、おののきを感じずにはいられない。自衛隊の海外派兵（「〈武力行使の目的を持って武装した軍隊を他国の領土、領海、領空に派遣する〉こと[6]」）さえ事実上、容認されるようになった[7]現在、日本は世界に誇るべき戦争放棄条項を捨てて、いったいどこへ行こうというのか。アジア太平洋戦争とまた同じ過ちを繰り返そうというのか。日本は今まさに、決定的な歴史的岐路に立っているのである。

そこで本章では、——砂川事件最高裁判決（一九五九［昭和三四］年一二月一六日）や長沼訴訟札幌高裁判決（一九七六［昭和五一］年八月五日）、百里訴訟水戸地裁判決（一九七七［昭和五二］年二月一七日）等が採用した、いわゆる統治行為論[8]を排除し——、自衛隊に対する実体的憲法判断に立ち入った唯一の裁判例であり、「憲法規範を忠実・厳正かつ総合的に解明した[9]」札幌地裁判決の第九条解釈（その関連事項を含む）を改めて検討し、同条の現実的意義を確認するとともに、併せて政府の現行防衛政策を批判的に考察することにする。

二　第九条第一項の解釈

札幌地裁判決は、「自衛隊の憲法適合性、つまり国家安全保障について軍事力を保持するか否かの問題については、憲法は前文および第九条において、明確な法規範を定立しているものであつて、その意義および解釈はまさに法規範の解釈として客観的に確定されるべきものであつて、ときの政治体制、国際情勢の変化、推移とともに二義にも三義にも解釈されるべき性質のものではない。そして、当裁判所も、……まさに、主権者である国民がわが国がとることのできる安全保障政策のなかから、その一つを選択して軍隊等の戦力を保持するか否かについて定立した右憲法規範への適合性だけを審査しようとするものである(10)」とする。その上で、憲法第九条の解釈は「憲法の基本原理に基づいておこなわれなければならない(11)」として、憲法前文の平和主義は「他の二つの基本原理である国民主権主義、および基本的人権尊重主義ともまた密接不可分に結びついて(12)」おり、「ここに三基本原理は、相互に融和した一体として、現行憲法の支柱をなしているものであつて、そのいずれか一つを欠いても、憲法体制の崩壊をもたらすことは、多言を要しないところである(13)」と述べる。そして、第九条の解釈を具体的に次のように展開する。かなり長くなるが、その全文を掲げておくことにしよう。

では、第一項の解釈からみていこう(14)。

（1）「日本国民は正義と秩序を基調とする国際平和を誠実に希求する」旨の文言は、前文掲記の平和主義を、第九条の規定にあつても、再確認し、さらに、あらゆる国家が、正義と秩序を尊重し、平和を愛好するものであり、それを信頼するとともに、国際社会に正義と秩序が支配するならば、平和が保持されるとの確信のもとに、それを誠実に希求し、かつ、その目的のために、同項に以下の規定を置くとするものである。

（2）「国権の発動たる戦争」とは、国家行為としての戦争と同意義である。なお本項では国権の発動によらない戦争の存在を容認する趣旨ではない。

（3）「武力による威嚇又は武力の行使」ここにいう「武力」とは、実力の行使を目的とする人的および物的設備の組織体であるが、この意味では、後記第九条第二項にいう「戦力」と同じ意味である。「武力による威嚇」とは、戦争または戦闘行為に訴えることをほのめかしてなされる威嚇であり、「武力の行使」とは、国際法上認められている戦争行為にいたらない事実上の戦闘行為を意味する。

（4）「国際紛争を解決する手段としては、永久にこれを放棄する。」ここにおいて、国際紛争を解決する手段として放棄される戦争とは、不法な戦争、つまり侵略戦争を意味する。この「国際紛争を解決する手段として」という文言の意味を、およそいつさいの国際紛争を意味するものとして、憲法は第九条第一項で自衛戦争、制裁戦争をも含めたいかなる戦争をも放棄したものであるとする立場もあるが、もしそうであれば、本項において、とくに

「国際紛争を解決する手段として」などと断る必要はなく、また、この文言は、たとえば、一九二八年の不戦条約にもみられるところであり、同条約では、当然に、自衛戦争、制裁戦争を除いたその他の不法な戦争、すなわち、侵略戦争を意味するものと解されており（このことは同条約に関してアメリカの国務長官が各国に宛てた書簡に明記されている。）、以後、国際連盟規約、国際連合憲章の解釈においても、同様の考えを前提としているから、前記した趣旨に解するが相当と思われる。したがつて、本条項では、未だ自衛戦争、制裁戦争までは放棄していない。

三　第九条第二項の解釈

次に、第二項の解釈をみてみよう[15]。

（1）「前項の目的を達するため」の「前項の目的」とは、第一項を規定するに至つた基本精神、つまり同項を定めるに至つた目的である「日本国民は、正義と秩序を基調とする国際平和を誠実に希求（する）」という目的を指す。この「前項の目的」なる文言を、たんに第一項の「国際紛争を解決する手段として」のみに限定して、そのための戦争、すなわち、不法な戦争、侵略戦争の放棄のみの目的と解すべきではない。なぜなら、それは、前記した憲法前文の趣旨に合致しないばかりか、後記するように、現行憲法の成立の歴史的経緯にも反し、しかも、本項の交戦権放棄の規定にも抵触するものであり、かつ、現行憲法には宣戦、講和などの戦争行為に関するいっさいの規定を置いていないことからも明らかである。

（２）「陸海空軍その他の戦力は、これを保持しない。」「陸海空軍」は、通常の観念で考えられる軍隊の形態であり、あえて定義づけるならば、それは「外敵に対する実力的な戦闘行動を目的とする人的、物的手段としての組織体」であるということができる。このゆえに、それは、国内治安を目的とする警察と区別される。「その他の戦力」は、陸海空軍以外の軍隊か、または、軍という名称をもたなくとも、これに準じ、または、これに匹敵する実力をもち、必要ある場合には、戦争目的に転化できる人的、物的手段としての組織体をいう。このなかにはもつぱら戦争遂行のための軍需生産設備なども含まれる。ここで、その他の戦力の意味をひろく戦争のための手段として役立ちうるいっさいの人的、物的勢力と解することは、近代社会に不可欠な経済、産業構造のかなりの部分がこれに含まれることになり妥当ではない。

このようにして、本項でいっさいの「戦力」を保持しないとされる以上、軍隊、その他の戦力による自衛戦争、制裁戦争も、事実上おこなうことが不可能となつたものである。

（３）被告は、「外部からの不正な武力攻撃や侵略を防止するために必要最少限度の自衛力は憲法第九条第二項にいう戦力にあたらない」旨主張する。

しかしながら、憲法の同条項にいう「戦力」という用語を、通常一般に社会で用いられているのと意味を異にして憲法上独特の意味に解しなければならないなんらの根拠を見出すことができないうえ、前記と同様に、かような解釈は、憲法前文の趣旨にも、また憲法の制定の経緯にも反し、かつ、交戦権放棄の条項などにも抵触するものといわなければならない。

とりわけ、自衛力は戦力でない、という被告のような考え方に立つと、現在世界の各国は、いずれも自国の防衛のために必要なものとしてその軍隊ならびに軍事力を保有しているのであるから、それらの国国は、いずれも戦力を保有していない、という奇妙な結論に達せざるをえないのであって、結局、「戦力」という概念は、それが、自衛または制裁戦争を目的とするものであるか、あるいは、その他の不正または侵略戦争を目的とするものであるかにかかわらず、前記したように、その客観的性質によってきめられなければならないものである。
（4）「国の交戦権は、これを認めない。」「交戦権」は、国際法上の概念として、交戦国が国家としてもつ権利で、敵の兵力を殺傷、破壊したり、都市を攻撃したり、占領地に軍政をしいたり、中立国に対しても一定の条件のもとに船舶を臨検、拿捕し、また、その貨物を没収したりなどする権利の総称をいう。この交戦権を、ひろく国家が戦争をする権利と解する立場は、第一項の「国権の発動たる戦争」と重複し、妥当ではない。
またこの交戦権放棄の規定は、文章の形からいっても、（1）で記述した「前項の目的を達するため」の文言にはかからず、したがって、その放棄は無条件絶対的である。このため、この「前項の目的」の解釈に際し、侵略戦争の放棄のみに限定し、自衛戦争および制裁戦争は放棄されていないとする立場、ならびに本項で自衛力は戦力に含まれないとして、自衛戦争を容認する被告の立場は、少なくとも、いかなる形にせよ戦争を承認する以上、その限度で、国際法上の交戦権もまた容認しなければ不合理であつて、これらの立場は、いずれも、この交戦権の絶対的放棄に抵触するものといわなければならない。

そして札幌地裁判決は、「以上のような当裁判所の解釈は、……、その他の事実によつても裏づけられるものである」[16]として、次のように述べる。

……このことは、また、旧大日本帝国憲法と現行憲法の規定のあり方を対比してみても明らかである。

すなわち、かつて陸海軍を擁した旧憲法は、……陸海軍の指導、編成や戦争の開始および終結に関する手続規定などを定めていた。しかし現行憲法は、このような重要な事項に関して明文の規定を欠いていることはもちろん、それらを法律などに委任する旨の規定もまつたく置いていない。このことは現行憲法が前記のような歴史経緯のもとに、自衛のための軍備の保有さえも排除した趣旨に解せざるをえないものといわなければならない。

四　自衛権と軍事力によらない自衛行動

札幌地裁判決は、「自衛権と軍事力によらない自衛行動」についても言及しているので、これも引用しておくことにしよう。[17]

もちろん、現行憲法が、以上のように、この前文および第九条において、いっさいの戦力および軍備をもつことを禁止したとしても、このことは、わが国が、独立の主権国として、その固有の自衛権自体までも放棄したものと解すべきでないことは当然である（昭和三四年一二月一六日付最高裁判所判決参照）。しかし、自衛権を保有し、これを行使することは、ただちに軍事力による自衛に直結しなければならないものではない。すなわち、まず、国家の安全保障（それは究極的には国民各人の生命、身体、財産などその生活の安全を守ることにほかならない）というものは、いうまでもなく、その国の国内の政治、経済、社会の諸問題や、外交、国際情勢といった国際問題と無関係であるはずがなく、むしろ、これらの諸問題の総合的な視野に立ってはじめてその目的を達成できるものである。そして、一国の安全保障が確保されるなによりも重要な基礎は、その国民の一人一人が、確固とした平和への決意とともに、国の平和問題を正しく認識、理解し、たえず独善と偏狭を排して近隣諸国の公正と信義を信頼しつつ、社会体制の異同を越えて、これらと友好を保ち、そして、前記した国内、国際諸問題を考慮しながら、安全保障の方法を正しく判断して、国民全体が相協力していくこと以外にありえないことは多言を要しない。そしてこのような立場に立つたとき、はじめて国の安全保障の手段として、あたかも、軍事力だけが唯一必要不可欠なものであるかのような、一面的な考え方をぬぐい去ることができるのであつて、わが国の憲法も、このような理念に立脚するものであることは勿論である。そして、このような見地から、国家の自衛権の行使方法についてみると、つぎのような採ることのできる手段がある。つまり……、証人田畑茂二郎の尋問結果からは、自衛権の行使は、たんに平和時における外交交渉によつて外国からの侵害を未然に回避する方法のほか、危急の侵害に対し、本来国内の治安維持を目的とする警察をもつてこれを排除する方法、民衆が武器をもつて抵抗する群民蜂起の方法もあり、さらに、侵略国国民の財産没収とか、侵略国国民の国外追放といつた例もそれにあたると認められ、また証人小林直樹の尋問結果からは、非軍事的な自衛抵抗には数多くの方法があることも認めることができ、また人類の歴史にはかかる侵略者に対してその国民が、また民族が、英知をしぼつてこれに抵抗してきた数多くの事実を知ることができ、そして、それは、さらに将来ともその時代、その情況に応じて国民の英知と努力によつてよりいつそう数多くの種類と方法が見出されていくべきものである。

そして前記した国際連合も、その創立以来二十有余年の歴史のなかで、いくつかの国際紛争において適切な警察行動をとり、双方の衝突を未然に防止できた事実もこれに付加することができる。

このように、自衛権の行使方法が数多くあり、そして、国家がその基本方針としてなにを選択するかは、まつたく主権者の決定に委ねられているものであって、このなかにあつて日本国民は前来《ママ》記述のとおり、憲法において全世界に先駆けていつさいの軍事力を放棄して、永久平和主義を国の基本方針として定立したのである。


札幌地裁判決が、「自衛権と軍事力によらない自衛行動」（「自衛権の行使方法」）にまで触れたことについては、憲法学者の間でも賛否両論があったようであるが、山内敏弘は「判決が、この問題を『国家の自衛権の行使方法』の問題として論じている点は、私見によれば、自衛権観念の誤用であると思われる」とする一方で、「平和を維持し、国民の安全を確保するために、軍事力の行使による以外のどのような手段、行動があり得るかという問題について具体的な指摘を行ったことは、それとして十分に評価してよいであろう。たとえば、判決があげた『非軍事的な自衛抵抗』は、非武装抵抗あるいは非暴力抵抗のことを指していると思われるが、このような抵抗方法の内容をより具体的なものにしていくことは、むしろ非武装平和主義の憲法を擁護し、積極的に活かしていく上での重要な課題であるということができよう」[18]と述べ、その意義を高く認めている。

五　第九条の解釈学説について

以上のような札幌地裁判決における憲法第九条の解釈は、当初（第九〇回帝国議会）の政府見解[19]及び現在の憲法学の「通説」[20]（あるいは多数説）とほぼ同一のものである。それではここで、第九条の解釈学説を概観しておくことにしよう。杉原泰雄によれば、第九条の解釈学説は次の九つの「類型」に「整理」される[21]。

① 一項全面的放棄説＝二項全面的放棄説Ⅰ――自衛隊、駐留米軍の両者の違憲を帰結する。

② 一項全面的放棄説＝二項全面的放棄説Ⅱ――自衛隊の違憲を帰結するが、駐留米軍はただちには違憲とはしない。

③ 一項部分的放棄説＝二項部分的放棄説――自衛隊、駐留米軍の両者を合憲とする。

④ 一項部分的放棄説＝二項全面的放棄説（A）――自衛隊、駐留米軍の両者を違憲とする。

⑤ 一項部分的放棄説＝二項全面的放棄説（B）――自衛隊を違憲とするが、駐留米軍はただちには違憲としない。

⑥　一項部分的放棄説＝二項全面的放棄説（C）――これによれば、自衛隊は『戦力』とならないことを条件として合憲となり、駐留米軍もただちには違憲とされない。

⑦　九条政治宣言説――自衛隊、駐留米軍のいずれについても、違憲無効の問題は生じないとする立場である。

⑧　九条政治規範説――これによれば、自衛隊、駐留米軍のいずれもが、裁判所において九条との関係で違憲とされることはなくなる。

⑨　九条変遷説――自衛隊も、駐留米軍も一応は合憲とされる。

なお、③説について若干補足すれば、それは第一項で放棄したのは、不戦条約と同じく、侵略戦争のみであり、第二項の戦力不保持や交戦権否認も、侵略のための戦力と侵略のための交戦権を禁じたものであって、自衛戦争（及び制裁戦争）やそのための戦力は放棄されていないとするものである。

近頃では、この九つの「類型」の他に、長谷部恭男の「穏和な平和主義」論、大沼保昭の「護憲的改憲論」、井上達夫の「九条削除論」、加藤典洋の「九条強化案」、今井一の「九条改憲論」、阪田雅裕の「九条改憲論」、山尾志桜里の「立憲的改憲論」論等が提唱されているが[22]、しかしこれらはいずれも、――⑦説（高柳賢三等）、⑧説（伊藤正己等）、⑨説（橋本公亘等）を含め――、いわゆる自衛力（⑥説）または自衛戦力（③説）（具体的には、自衛隊）を容認するものであって、立法者意思（後掲「十　第九条の本旨」参照）とはおよそかけ離れた見解となっている。札幌地裁判決は、④説に該当するが、当初同じく④説であった政府の見解はその後大きく変遷し、現在では⑥説（実質的には③説）に移行している。(23)

なお、札幌地裁判決に従えば、防衛省設置法、自衛隊法「その他これに関連する法規」、すなわち国家安全保障会議設置法、武力攻撃・存立危機事態法、重要影響事態法、米軍等行動関連措置法、海上輸送規制法、船舶検査活動法、ＰＫＯ協力法、国際平和支援法、特定秘密保護法等はすべて「憲法……に違反し、憲法第九八条によりその効力を有しえないものである」（違憲無効）ということになるであろう。

六　第九条第一項について

では、以下、札幌地裁判決の第九条解釈について、検討することにしよう。第一項から始めよう。

第一項が、放棄の対象（客体）としているのは、「国権の発動たる戦争」と「武力による威嚇」、「武力の行使」である。これらを放棄の対象としたのは、次のような理由からである。(24)

……「宣戦布告なき戦争」（undeclared war）が「普通の戦争」となった結果、国連憲章は「戦争」という文言をすべて駆逐し、その代わりに、「武力による威嚇」や「武力の行使」（二条四項）という表現を用いるようになった。したがって、本条が「国権の発動たる戦争」だけでなく、武力行使・威嚇をも放棄対象としたのは、このような国際法上の発展を反映していた。ただ、国連憲章が規範のレヴェルでは「武力行使の違法化」の水準に到達していたのに比して、本条は、戦争と武力行使の区別をなお存置している。それは、憲章が文言上排除した「戦争」（宣戦布告等の形式を備えた戦争）をも明示的に放棄対象に加味することにより、武力を用いた国家間の敵対行為の形態をあまねく捕捉しようとしたものと解される。

ところで、問題はこれらの文言に「国際紛争を解決する手段としては」という句がかかっていることである。この点を踏まえ、札幌地裁判決は、「国際紛争を解決する手段として放棄される戦争とは、……侵略戦争を意味する」として、同項では「未だ自衛戦争、制裁戦争までは放棄していない」と解する。その理由は、「およそいっさいの国際紛争を意味するものとして、憲法は第九条第一項で自衛戦争、制裁戦争をも含めたいかなる戦争をも放棄したものであるとする立場もあるが、もしそうであれば、本項において、とくに『国際紛争を解決する手段として』などと断る必要はなく、また、この文言は、たとえば、一九二八年の不戦条約にもみられるところであり、同条約では、当然に、自衛戦争、制裁戦争を除いたその他の不法な戦争、すなわち、侵略戦争を意味するものと解されており……、以後、国際連盟規約、国際連合憲章の解釈においても、同様の考えを前提としているから」であるとする（ちなみに不戦条約〔「戰爭抛棄ニ關スル條約」〕は、「前文〈略〉／第一條　締約國ハ國際紛爭解決ノ爲戰爭ニ訴フルコトヲ非トシ且其ノ相互關係ニ於テ國家ノ政策ノ手段トシテノ戰爭ヲ抛棄スルコトヲ其ノ各自ノ人民ノ名ニ於テ嚴肅ニ宣言ス／第二條　締約國ハ相互間ニ起ルコトアルベキ一切ノ紛爭又ハ紛議ハ其ノ性質又ハ起因ノ如何ヲ問ハズ平和的手段ニ依ルノ外之ガ處理又ハ解決ヲ求メザルコトヲ約ス／第三條〈略〉」というものであった）。

しかし、この見解＝④説に対し、宮澤俊義は次のような疑問を投げかける。(25)

（a）本条が全体として、すべての戦争を放棄していると解するならば、特にその第一項では、侵略戦争だけしか放棄していない、と説くことに、どういう実際的利益があるのか。それはまったく観念的なこまかさのためだけの議論ではないか。

（b）もし本条が全体としてすべての戦争を放棄していると解するならば、第一項の「国際紛争を解決する手段としては」という言葉の意味も、そうした背景のもとに、かならずしも従来の国際的用例にこだわらずに、解すべきではないか。

（c）もし立法者が本条によって、すべての戦争を放棄する意図をもっていたとするならば、立法者は、どういう理由で、その意図を表現するために、第一項では、侵略戦争だけを放棄しておき、次いで第二項でそのほかの戦争をも放棄するというふうに、ひとつの目的をわざわざ二つのちがった趣旨の規定に書き分けた、と説明するのか。A説（上記④説―引用者注）

のように解すれば、本条は、立法技術的に見て、いかにも稚拙な規定だということになる。

浦部法穂もまた、「『国際紛争を解決する手段としては』という語句は、不戦条約以来の用例に従って解さなければならないものではなく、およそ戦争は国際紛争を解決する手段として行われるものであって、侵略戦争と自衛戦争の区別は明確でなく、歴史的にも侵略戦争が自衛の名目で行われてきたことを否定できない、との観点から、九条一項が自衛戦争を含めていっさいの戦争を放棄していると解する」[26]①説が妥当であり、「九条が全体としていっさいの戦争を放棄していると解する以上、一項と二項とをわざわざ分離して解釈しなければならない必然性は、ないはずである」[27]、「理論的ないし政治的な客観的評価として、侵略戦争か自衛戦争かの区別が可能であるとしても、実際の戦争は、侵略戦争であっても自衛の口実のもとに行われてきたという歴史をふまえて、日本国憲法は、そういう区別をあえて捨て去って自衛戦争をもしないこととしたのである。そうである以上、九条が一項に関してのみその区別をもち込んでいるとみるのは、不自然であろう」[28]と述べる。

宮澤・浦部説を正当とすべきであろう。第二次世界大戦の勃発（一九三九［昭和一四］年九月一日）によって、不戦条約が定めた戦争放棄（自衛権留保、侵略戦争放棄）は〝失敗〟に終わった（その責任は、自明の如く日本にあるのであるが）のであり、その〝失敗〟した条約の用例をあえて持ち出す意味がどこにあるのか疑問であるし、また第九条の条文構成も、明らかに第一項＝目的、第二項＝

手段（「前項の目的を達するため、……」）となっているのであるから、第九条はやはり第一項を以て、自衛戦争を含む一切の戦争を放棄している（①説）と解するのが、「実際的」かつ「自然」であるように思われる。札幌地裁判決の結論はもとより、妥当なものであるが、しかし同判決は「従来の国際的用例」にこだわるあまり、「原子兵器の威力を知る時代に作られた日本国憲法は、さらにその上に出なくてはならない(29)」という「日本国憲法の精神(30)」を見落としたものといわざるを得ないのである。

さて、第九条第一項については、この他にも、学説上、見解が分かれている事項が、――ともに札幌地裁判決の中では触れられていないが――、二点存する。第一点は、冒頭の「日本国民」の意味についてである。憲法学では「『日本國民』とは、個々の國民ではなく、一體としての日本國民、具體的には、それを代表して國政を行う日本國政府を指している(31)」と解するのが、通説であるとされる。しかし近年、水島朝穂によって「国民は国家ないし政府と同視されるべきではな(32)」く、通説のように捉えたのでは、前文第一段の「政府の行為によつて再び戦争の惨禍が起ることのないやうにすることを決意し」た「日本国民」という「意味合いが生きてこない(33)」との理由から、戦争放棄の主体としての「日本国民」とは、「自らの政府に戦争を再び起こさせないと決意した『主権者たる国民』と解すべきだろう(34)」とする説が主張されている（深瀬忠一も、「前文第一段、また、第九条の冒頭にある『日本国民』とは、判断・決定の主体としての、主権の存する日本人民であることを、従来の説とはちがって、とくに強調しなければならない(35)」と同旨を述べている）。この説が、妥当であろう。

なお、「『正義と秩序を基調とする国際平和』とは、国際平和というのと、同じ意味である。けだし、正義と秩序が確立されていないところに、国際平和はあり得ないからである。混乱が武力によって抑えつけられ、恐怖と隷従とによって外見的に平和が保たれているように見える状態――いわば、奴隷の平和――と区別して、真の平和をこう呼んだのである。したがって、一民族が他民族をその政治権力に隷属させている状態は、そこに表見的にどのように『平和』が保たれていようとも、それは、ここにいう『正義と秩序を基調とする国際平和』ではない(36)」とされる。

その第二点は、末尾の「永久にこれを放棄する」の「永久に」の意味についてである。これに関しては、「憲法改正権の限界を意味する」と解する説と、戦争放棄が「当面の暫定措置ないし応急措置としてではなく、国家永遠の方針として、の意である」と解する説(37)が存するが、第九条の非武装平和主義が日本国憲法の「最大の特色」であり、「世界の憲法の歴史の上に画期的な意義をもつもの(38)」であることを踏まえれば、「『永久に』という言葉から、法理論的にいって、本条が憲法改正権の範囲外にあると論結することは、正しくない(39)」とする見解は、まさに「正しくない」であろう。水島がいうとおり、第九条の「『永久に』も、単なる宣言的文言を超えて、憲法改正の限界を画する性質のものと(40)」みるべきである。

七　第九条第二項について

(一) 戦力と自衛力

第一項で、すでに戦争が全面的に放棄されているとするならば、第二項前段の「前項の目的を達するため」の「前項の目的」とは、札幌地裁判決が判示した「第一項を規定するに至った基本精神、つまり同項を定めるに至つた目的である『日本国民は、正義と秩序を基調とする国際平和を誠実に希求(する)』という目的を指す」のではなく、必然的に第一項全体の趣旨を指すことになる。なるほど「前項の目的を達するため」が、第一項冒頭の「日本国民は、正義と秩序を基調とする国際平和を誠実に希求し」と対をなすものとして憲法に挿入されたという経緯(いわゆる芦田修正[41])からすれば、札幌地裁判決のようにみるのが、あるいは立法者意思に適っているのかもしれない。しかし、「前項の目的を達するため」は、規定の上からも、この句の発案者である芦田均(帝国憲法改正特別委員会委員長)の「「前項の目的を達するため、」なる文字を挿入したのは戦争抛棄、軍備撤廃を決意するに至つた動機が専ら人類の和協、世界平和の念願に出発する趣旨を明かにせんとしたのであります[42]」という発言からも、「規定の動機を表現したものであることはまちがいない[43]」(「酒ぐせの悪い人が『人に迷惑をかけないために酒をやめた』といえば、はじめの句は動機を意味し、酒をプッツリ止めたことを意味するのが普通である。……『人に迷惑をかけないために酒をやめた』と厳粛に宣言した人が、翌日から昨日とあまり変わらぬように酒をのんでいるとしたら、およその釈明は正常なものでないであろう[44]」）から、「規定としては、前項のすべて、即ち、右のような動機で、国際紛争解決の手段としての戦争と武力行使を永久に放棄するということを受けているとみるのが妥当である[45]」。深瀬も、「『前項の目的を達するため』、とは、文字通り一《ママ》『項の目的』すなわち、憲法前文の原則にのっとり日本国人民が積極的な姿勢でわが国および世界の平和を希求するゆえに、いわゆる『侵略戦争』を永久に放棄し、さらに国家主権の発動としての一切の戦争を廃止（する世界を目指）し、戦争および武力行使等をいかなる国際紛争解決の手段としても用いないこととした。その『目的を達するため』、軍備の不保持と交戦権の否認に踏み切ったのである[46]」としている。また政府も、当初は札幌地裁判決と同見解であったが、今日では「『前項の目的を達するため』という言葉は、同条第一項全体の趣旨、……、……を受けていると解している[47]」と答弁している。

次に、札幌地裁判決は「『陸海空軍』その他の戦力」を「『陸海空軍』は、通常の観念で考えられる軍隊の形態であり、……『外敵に対する実力的な戦闘行動を目的とする人的、物的手段としての組織体』であるということができる。……『その他の戦力』は、陸海空軍以外の軍隊か、または、軍という名称をもたなくとも、これに準じ、または、これに匹敵する実力をもち、必要ある場合には、戦争目的に転化できる人的、物的手段としての組織体をいう」と定義づけ、このような「『戦力』を保持しないとされる以上、軍隊、その他の戦力による自衛戦争、制裁戦争も、事実上おこなうことが不可能となつたものである」と、第二項の戦力不保持によって、一切の戦争が放棄されるに至った旨を述べる（④説）。そしてその上で、政府の自衛力論に対し、「自衛力は戦力でない、という被告のような考え方に立つと、現在世界の各国は、……、いずれも戦力を保有していない、という奇妙な結論に達せざるをえない」と厳しく批判する。札幌地裁判決が、④説を採用したことについては、賛成できないが、しかしその自衛力批判は的を射ており、極めて適切なものであるということができるであろう。

なお札幌地裁判決は、陸上、海上、航空の各自衛隊の「装備、能力」等について、それぞれ次のように結論している。(48)

……陸上自衛隊は……

そしてこれらの装備は、いずれも兵器として、現在世界各国の陸軍の保有する一流の兵器にくらべてなんら遜色のない性能をもつものであり、また、旧日本陸軍の装備と比較しても、一師団あたり、火力においては約四倍、また機動力、通信力を含めた総合戦力では約一〇倍の威力をもつている。

海上自衛隊は、諸外国の海軍に比較して、その保有する艦艇のトン数では世界第一〇位、隻数では第八位、予算規模では第一四、五位で、総合では第一〇位内外である。

航空自衛隊は、その保有機数などからみると、現在世界の諸外国空軍のなかで九位ないし一〇位の地位にある。

憲法学の通説も、札幌地裁判決と同様、戦力＝「警察力以上の実力説[49]」であるが、昨今、山内が「軍隊と警察力とを分かつ基本的なメルクマール」として、「私なりに戦力の概念規定を行なえば、軍隊は、その目的（主観的要件）、実体（客観的要件）、そして組織行動原理の三側面から規定されるが、これら三側面のすべてをみたすことが必要なのではなく、そのいずれか一つが充たされていれば、それだけですでに軍隊とみなすことができると思われる[50]」と、定義づけているのが、注目される。

今や、世界でも屈指の軍事力である自衛隊が戦力ではなく、〝戦力に至らざる自衛力である〟（しかも、「政策論として非核三原則を掲げながらも、憲法解釈論としては、必要最小限度の細菌兵器や核兵器の保持も違憲ではない[51]」）とする政府の解釈はあまりにも、〝非常識〟かつ「不合理[52]」であって、札幌地裁判決が判示したとおり「自衛力は戦力でない、という被告のような考え方に立つと、現在世界の各国は、……、いずれも戦力を保有していない、という奇妙な結論に達せざるをえない」のである。政府がどう強弁しようが、自衛隊は「客観的にみて、世界の通念からして、……紛れもなく陸・海・空軍に相当する戦力と言えるもの[53]」なのである（国際法上も、自衛隊は「軍隊だと解釈されている[54]」とされる）。

また、「実際問題として重要なのは、軍備ないし戦力は一色のものであって、自衛のためのものと侵略のためのものという區別がない、……自衛戰力を認めるということは、戰力一般を認めることにほかならな」[55]いということである。すなわち、自衛戰力や自衛力を合憲であるとする解釈は、「論理的には成り立ちうる解釈だけれど不当だ、というのではなく、はっきりまちがいなのである」[56]。

なおもう一点、戦力に関して指摘すべきは、憲法第七六条第二項の特別裁判所（旧憲法下における軍法会議〔「陸軍軍法会議法・海軍軍法会議法により設置された刑事特別裁判所。主として軍人・軍属などに関する刑事裁判を管轄したが、戒厳や戦時事変における一定の刑事事件については軍人・軍属以外の者も、裁判の対象となった」[57]〕等）の禁止についてである。なぜなら、これもまた、日本国憲法が「戦力一般」を否認していることの証左の一つとなるからである（前掲「三　第九条第二項の解釈」も参照）。

（二）自衛権の存否

自衛権といっても、日本国憲法が集団的自衛権（「ある国が武力攻撃を受けた場合、これと密接な関係にある国が被攻撃国を援助し、共同して防衛行動をとる権利」[58]）を否認していることについては、学説上、ほとんど異論はない[59]。一方、政府も従来は、日本は集団的自衛権を国際法上持っているが、しかしその行使は違憲であるとしてきた[60]。ところが二〇一四（平成二六）年七月、政府はこの解釈を変更し、集団的自衛権について、次のような閣議決定（「国の存立を全うし、国民を守るための切れ

目のない安全保障法制の整備について」〔二〇一四年七月一日〕）を行った。(61)

これまで政府は、……、「武力の行使」が許容されるのは、我が国に対する武力攻撃が発生した場合に限られると考えてきた。しかし、……、パワーバランスの変化や技術革新の急速な進展、大量破壊兵器などの脅威等により我が国を取り巻く安全保障環境が根本的に変容し、変化し続けている状況を踏まえれば、今後他国に対して発生する武力攻撃であったとしても、その目的、規模、態様等によっては、我が国の存立を脅かすことも現実に起こり得る。……

こうした問題意識の下に、現在の安全保障環境に照らして慎重に検討した結果、我が国に対する武力攻撃が発生した場合のみならず、我が国と密接な関係にある他国に対する武力攻撃が発生し、これにより我が国の存立が脅かされ、国民の生命、自由及び幸福追求の権利が根底から覆される明白な危険がある場合において、これを排除し、我が国の存立を全うし、国民を守るために他に適当な手段がないときに、必要最小限度の実力を行使することは、従来の政府見解の基本的な論理に基づく自衛のための措置として、憲法上許容されると考えるべきであると判断するに至った。

これによって、政府は集団的自衛権（の一部）を承認することになったのであるが、しかしこの解釈が未だ一般に支持されているとはいい難い。したがって本節では、個別的自衛権（「国家が緊急不正の侵害に対して、自国を防衛するために必要な武力を行使する権利のこと」[62]）（以下、単に「自衛権」と呼ぶ）が、日本国憲法下において認められるかどうかについて、検討することにする。

札幌地裁判決は、砂川事件最高裁判決（「わが国が主権国として持つ固有の自衛権は何ら否定されたものではなく、……」[63]）を援用し、「わが国が、独立の主権国として、その固有の自衛権自体までも放棄したものと解すべきでないことは当然である」と述べる。もっとも、「自衛権を保有し、これを行使することは、ただちに軍事力による自衛に直結しなければならないものではな」く、自衛権といっても、それは「武力なき自衛権」であり、その行使形態としては「平和時における外交交渉によつて外国からの侵害を未然に回避する方法のほか、危急の侵害に対し、本来国内の治安維持を目的とする警察をもつてこれを排除する方法、民衆が武器をもつて抵抗する群民蜂起の方法」等をあげることができるとする（前掲「四　自衛権と軍事力によらない自衛行動」参照）。

この札幌地裁判決に対し、山内は自衛隊を違憲とした同判決そのものは「基本的に正当なもの」[64]であるとするが、この判決が「学界の従来の通説的な見解に従って自衛権をも容認した点については、私としては納得できない」[65]として、「歴史的にみて『自衛権』は武力に至らない実力の行使をも含めて考えられてきたのかどうか、あるいは武力を含まない実力の行使のみでも『自衛権』はありうると考えられてきたのかといえば、答はおそらく否であろう」[66]、「『自衛権』が武力行使と分かちがたく結びついた概念であることは、……第二次大戦後、国際連合が組織されてからより一層明確になったといってよいと思われる」[67]と論じた上で、判決が指摘した「自衛権と軍事力によらない自衛行動」について批判する。すなわち、「外交交渉による侵害の未然回避をも『自衛権』の行使に含ましめることになれば、『自衛権』概念はとほうもなく拡大され、その法的に固有の意味内容をもちえなくなる危険性が生まれてくる[68]」し、また「本来は国内治安の維持を目的とする警察力による侵害排除も、『武力によらざる自衛権』の行使と捉えること[69]」はできず、さらに「民衆が武器をもって抵抗する群民蜂起を軍事力によらない『自衛権』の行使と捉えることができるかといえば、これも、答は否とならざるをえまい。けだし、外敵の侵入に対して民衆が武器をもって立ち上がり、抵抗することはもちろん認められるとしても、これがいわゆる群民蜂起として国家の意思に由来しないものである限り、国家の『自衛権』の行使と捉えることはできないからである[70]」と述べる。そして、自衛権の存否について、次のように結論する[71]。

以上、「武力」ならざる「実力」の行使を伴う「自衛権」の発動が具体的にいかなる形でありうるのかを検討してみた。結論は、「自衛権」の行使である限り、それは不可避的に「武力」を伴うものであり、「武力なき自衛権」は結局のところは存在しえないということである。そして、「自衛権」が不可避的に「武力」、つまりは「戦力」の行使を伴わざるをえないものである以上、「戦力」の保持を禁じられた日本国憲法の下にあっては、そのような「自衛権」も実質的には放棄されたものとみなさざるをえないのである。

確かに憲法学では、依然として自衛権是認説が優勢のようであるが、しかし昨今では「『自衛権』否認論を説く学説も少数ながら出されるようになって、この点で学界の状況はいささか変化してきたように思われる」とされる。(72) 例えば、山内の自衛権否認論発表以降、杉原は「国際法上認められてきた伝統的自衛権の概念が……、……国内法でそれを制限し放棄することが可能であるところからすれば、警察力を超える実力の保持を禁止している日本国憲法は、自衛権を実質的には放棄しているとする」「自衛権放棄説」が「妥当ということにならざるをえないであろう」(73) というようになったし、浦部もまた「いっさいの戦争や武力行使を放棄し、いっさいの戦力の保持を禁じた日本国憲法のもとでは、……『自衛権』が認められないことは、当然である。したがって、日本国憲法は『自衛権』も放棄したと解するのが正しいということになる」(74) と明言するに至ったのである。

山内はさらに、「主権国家固有の自衛権」という「政府防衛当局が好んで口にする言い方」(75) についても、立憲主義の観点からこれを否定している。すなわち、「『自衛権』という観念自体、決して主権国家の成立とともに存在していたわけではなく、戦争の違法化が原則的に確立した二〇世紀以後、あるいはせいぜい一八三八年のカロライン号事件以後のものであること」(76) を指摘し、「結局のところ、国家が『自衛権』を保持しうるか否か、あるいはその必須の手段としての軍事力を保有しうるか否かは、国家の主権性からオートマティックに答えが出てくるのではなく、対外的には国際法によって、また対内的には国の最高規範である憲法によって決定されることになるのであ」(77) ると述べ、「主権国家固有の自衛権」という「言い方」が、「現代の立憲主義国家の下ではもはやアプリオリには成立しえない」[78]旨を説いている。樋口陽一も、政府が「自衛権がおよそ国家に固有のものだから放棄しようのない性質のものだ、と主張していること」[79]に対し、「かえって、第九条一、二項の解釈が一切の戦争・戦力の否定を定めているのだとすれば、それは、国際法上みとめられる自衛権を憲法によってあえて放棄したものと解すべきであり、九条の外側に、それとは別に『自衛権』概念を立てることは、憲法解釈論としては背理というべきであろう」[80]といって、これを批判している。

政府も、第九〇回帝国議会、いわゆる制憲議会では、自衛権に否定的であったとみられる（吉田首相の答弁［後掲（十　第九条の本旨）参照］。山内は、この答弁について、「『直接には自衛権を否定はして居りませぬが、……』という発言箇所は、しばしば政府が自衛権の存在を肯定した趣旨のものであるかのように理解され、引用されているが、しかし、この箇所をそのように読み取ることは必ずしも正しくはないと思われる。けだし、この箇所は、九条は、『直接には』自衛権を否定していないが、しかし間接的には、あるいは実質的には否認している、という趣旨において理解することが十分に可能だからである」[81]と述べている）。その後、政府の「自衛権」解釈は、一九四九（昭和二四）年から一九五〇（昭和二五）年にかけて「武力なき自衛権」論に移行し、さらに一九五四（昭和二九）年一二月には「武力による自衛権」論（自衛力論）へと変転することになったのである。[82]

自衛権（たとえ、それが「武力なき自衛権」であれ）を一旦承認すれば、自衛権があるのに戦力を保持できないのはおかしいといった議論が、――集団的自衛権（行使）の場合と同様に――、巷に蔓延するのは必定である。その意味で、自衛権是認説は極めて危険な議論である。萩原重雄が述べているとおり、「憲法は自衛権を放棄していないとする考えは、政府の自衛隊合憲論のつゆはらいをしたとも言えるのであって、自衛権概念の有害性に対する認識に欠けるものである[83]」としなければならないのである。

(三) 交戦権

第二項後段の交戦権については、札幌地裁判決は「国際法上の概念として、交戦国が国家としてもつ権利で」あって、その内容は「敵の兵力を殺傷、破壊したり、都市を攻撃したり、占領地に軍政をしいたり、中立国に対しても一定の条件のもとに船舶を臨検、拿捕し、また、その貨物を没収したりなどする権利の総称をいう。……またこの交戦権放棄の規定は、文章の形からいっても、……その放棄は無条件絶対的である」とする。学説上は、他にも札幌地裁判決が触れている「国家が戦争をする権利」とする説と、「国家が戦争を行う権利そのものと、国家に対して交戦国として認められる権利の総体をともに合わせ含むとする説[84]」とがあるが、しかし国際法上、戦争を行う権利というものがあるわけではないし、また性質の異なる二つの権利をあえて「合わせ」なければならない特段の理由があるとは考えられない。札幌地裁判決の見解を妥当とすべきである。

高野雄一によれば、交戦権とは次のような「権利の総体」であるとされる[85]。

国家は交戦国となった場合、ふだんならばとうてい許されずかつきびしく禁止されるもろもろの行為を、戦時国際法上権利として認められる。相手国は同等の権利をもって事実的にこれに対抗しうるが、この権利の行使の結果は、合法的なものとして認容しなくてはならない。どのような行為が権利として認められるかといえば、一　条約の如何にかかわらず通商を禁止しうる。二　敵国の居留民及び外交使節の行動に制限を加えうる。三　自国内の敵国民財産を管理しうる。四　敵国との条約を破棄しあるいはその履行を停止しうる。五　敵国の兵力を攻撃・殺傷しうる。六　防守地域及び軍事目標を攻撃・破壊しうる。七　敵国領土に侵入しこれを占領しうる。八　敵国との海底電線を遮断しうる。九　海上の敵船、敵貨を拿捕没収しうる。十　敵地を封鎖し中立国の敵国に対する海上通商を遮断し処罰しうる。一一　海上における中立国の敵に対する人的物的援助を遮断し処罰しうる。

主だったものを挙げても交戦権はこのように多岐にわたる。このうち、一ないし四は、普通に武力の行使を必要としない交戦権である（武力の行使と国際法上の戦争の違いが一段とはっきりする）。五以下は、普通に武力の行使を伴う交戦権である。

そして高野は、「戦争の放棄と交戦権の否認」について、次のように述べる[86]。

戦争の際に交戦国に交戦国なるがゆえに認められるこれらの権利、即ち「国の交戦権」を認めないというのは、これらの権利を国法上一方的に否認し、対外的に放棄したことを意味する。もっとも、これらの権利を否認し放棄しておいてしかも戦争を行うということは、実質上できない相談であり無意味なことである。戦争は武力その他の強制力を合法的に用いうることを本質的要素とし、そしてそれがまさにこのような交戦権に化体しているのであるから、後者を一般に否認してしまうことは、戦争を否認することに他ならない。したがって、戦争の権利はとにかくとして、戦争の自由はこれによって実質的に放棄されてしまったというべきである。しかもこの否認には、「国際紛争を解決する手段」としては、というような形容や限定はない。そうすると国際紛争解決の手段としての戦争についてだけでなく、それと区別される自衛のための戦争及び制裁のための戦争についても、ひとしくこの交戦権は否認され、したがってこれらの戦争を含めて、戦争は一般に否認するものと解さなくてはならない。

つまり、交戦権の「否認は全面的であって、自衛の場合には認められるといった柔軟な解釈の余地はない。……『自衛のための交戦権』は存在しない。本条二項後段は、交戦権を無条件否認することによって、二項前段の戦力不保持をより徹底しようとしたものといえるだろう[87]」。

(四) 徴兵制

札幌地裁判決では言及されていないが、戦力との関係で避けて通れない問題の一つに徴兵制の問題がある。徴兵制については、政府も早くから「憲法上困難」または違憲であると述べていたが、その代表的事例として、一九八〇（昭和五五）年八月一五日の「衆議院議員稲葉誠一君提出徴兵問題に関する質問に対する答弁書」（一九八〇〔昭和五五〕年八月一五日）をあげることができる。(88)(89)

一般に、徴兵制度とは、国民をして兵役に服する義務を強制的に負わせる国民皆兵制度であつて、軍隊を常設し、これに要する兵員を毎年徴集し、一定期間訓練して、新陳交代させ、戦時編制の要員として備えるものをいうと理解している。

このような徴兵制度は、我が憲法の秩序の下では、社会の構成員が社会生活を営むについて、公共の福祉に照らし当然に負担すべきものとして社会的に認められるようなものでないのに、兵役といわれる役務の提供を義務として課されるという点にその本質があり、平時であると有事であるとを問わず、憲法第一三条、第一八条などの規定の趣旨からみて、許容されるものではないと考える。

ただ、この政府見解において問題とされるべきは、それが「政府は、憲法第九条は自衛のための必要最小限度の実力組織を保持することは禁止していないが、その要員を充足するための手段については規定していないと解し」ており、徴兵制を違憲とする「論拠の一つとして同条を引用することは考えていない」（「衆議院議員上原康助君提出徴兵制に関する一九八一年三月一三日鈴木内閣答弁書」）(90)

としている点である。比較的最近の答弁（二〇一五［平成二七］年八月四日、参・平安特委[91]）でも、政府（中谷元防衛大臣）は次のように述べている。

まず徴兵制につきましては、憲法一八条が禁止する意に反する苦役に該当するなど明確な憲法違反でありまして、憲法一八条は、徴兵制に限らず、広く本人の意思に反して強制的に役務を課すことを禁止しているということであります。

そこで、自衛隊、これは憲法上必要最小限度を超える実力を保持し得ないなどの制約を課せられておりまして、通常の観念で考えられる軍隊とは異なりますが、徴兵制が憲法違反であることは、憲法第九条を根拠とするものではなくて、また、自衛隊が軍隊に当たるか否かによって左右されるものではございません。

しかし、「我が憲法の秩序の下では」というからには、「憲法第九条を根拠とするものではな」いと、いくらいい張っても、「『わが憲法の秩序』の内容としては九条の存在を度外視することはできないはず[92]」である。大江志乃夫も、政府見解を次のように論難している[93]。

八月一五日の閣議決定は、厳密にいいかえるならば、憲法第九条が保持を禁じている常設軍隊を前提とする徴兵制は第一三条、第一八条にも違反するといっているにすぎないので、何ら実効的な意味は持たない。むしろ、そのような徴兵制は違憲であるが、合憲の自衛隊への強制徴集制は憲法に違反しない、といわんばかりである。

かつて内閣法制局部内にも、「少数意見」ながら、「一九七〇年中曽根防衛庁長官のもと『自主防衛』がとなえられ、昭和四五年『防衛白書』に合憲論の存在が示唆されていた」[94]とされるが、この問題に対し、深瀬は「自衛隊の合憲性を最高裁が判断したような場合には、徴兵制合憲説はさらに有力となろう」[95]と危惧の念を呈している。

現在、少なくない市区町村が、防衛省の自衛隊員募集事務に協力して適齢者の氏名や住所等の個人情報を提供しているが[96]、これはもはや「一種の徴兵制」（徴兵登録制＝待機徴兵制[97]）である。全国各地で、この問題をめぐって、反対運動が行われ、中には市（市長）や国を相手取った訴訟も提起されている。もっとも、このことは裏を返せば、自衛隊が隊員の募集に苦心していることの現れである。自衛官の定員割れは常態化し、深刻な状況に陥っている[98]。膨張する軍事予算によって、装備は充実していくとしても、十分な兵員が確保できなければ、防衛力の強化などかけ声倒れに終わることになるであろう（ちなみに、最近、自衛隊では不祥事が頻発しているが、隊内では暴力、性犯罪、いじめ等が蔓延し、自殺者も多数出ているとされる[99]）。

学説では、徴兵制違憲論が圧倒的である[100]。ただし学説は、政府の見解とは違って、第一八条（意に反する苦役の禁止）を「論拠」の一つとはしているものの、その最大の「論拠」としているのは、もとより第九条である。一切の戦争を放棄し、一切の戦力を保持しない第九条の下で、「軍隊」の設置に伴う徴兵制が容認されるはずがないからである（佐藤功も、「九条がある以上、およそ徴兵制度は憲法上、存在する余地がないと見るべきであろう[101]」と述べている）。学説上、合憲説は、わずかに大石義雄等にとどまる。[102]

八　戦力関連事項について

では次に、戦力に関連する重要事項について、そのいくつかをみてみることにしよう。

（一）自衛隊の災害派遣

自衛隊法で規定されている「自衛隊の行動」（第六章）の中でも、防衛出動（同法第七六条）（「戦争宣言と同じく、侵略行為に対する『反撃開始』の命令であろう[103]」、または「戦争宣言こそなされないものの、その実態は戦争行為に訴えること以外の何ものでもない[104]」とされる）を始め、命令による治安出動（同法第七八条）、要請による治安出動（同法第八一条）、警護活動（同法第八一条の二）、海上における警備行動（同法第八二条）、海賊対処行動（同法第八二条の二）、弾道ミサイル等に対する破壊措置（同法第八二条の三）、領空侵犯に対する措置（同法第八四条）、後方支援活動等（同法第八四条の五）等が、「武力の行使」と一体の活動であり、違憲であることは論を俟たないが、では災害派遣（同法第八三条）の場合はどうであろうか。

今日、国民は自衛隊が「国民に銃を向ける」[105]という事態、すなわち治安出動（出兵）にはほとんど関心を持っていない（札幌地裁判決「自衛隊の行動（二）」参照[106]）が、その一方で自衛隊の災害派遣（同判決「自衛隊の行動（三）」参照[107]）には全幅の信頼を寄せているようである。しかし、「……災害派遣（民生協力）は、自衛隊の防衛・治安作用を妨げない（自衛隊法八三条二項、一〇〇条。災害対策基本法三一条参照）のみならず、むしろ軍事的ないし準軍事的任務の遂行および訓練の一環であり（道路、橋、堤、電線、飛行場等の建設・補修、後方支援・兵站活動等、戦闘力発揮の条件整備的活動）、そのような軍事的性格を平和的救援によっておおいかくし、自衛隊全般の『必要』性意識を増大し、『有事』に際して防衛戦争遂行により蒙るおそれのある国民の惨禍（あるいは国民大衆への『暴動』鎮圧等のリスク）を考えないようにさせる高度のイデオロギー的効果をもつ[108]」ものである（同法第八三条の二が規定する地震防災派遣も、同様である[109]）。したがって、自衛隊の災害派遣（及び地震防災派遣）も、諸他の「行動」と同じく、「軍事的ないし準軍事的任務の遂行および訓練の一環」であって、――国民の「約八割[110]」もの高い支持を得ているとはいえ――、これもまた〝違憲〟であると判定せざるを得ないであろう。

なお、自衛隊の活動として、災害派遣と並んで広く喧伝されているのが「国際貢献」であるが、小林（直）はこれについて、「日本も積極的にそれ（「国際貢献」― 引用者注）を担うべきだし、平和国家として、国際秩序の安定と向上に資することは、はっきりと公示し、約束してよい国家課題である。ただし、そのために軍事力が必要だとし、〝海外派兵〟をも国際貢献の名目で正当化しようとするのは、やはり大きな論理の飛躍である[111]」として、日本としてはあくまでも「非軍事」による人道的支援をなすべきであり、自衛隊を平和的に「改編」し、「(建設・医療・運輸・給食・緑化、等々）多種多様の援助活動の出来る平和隊を作り、……平和的作業に当てることが、最高の国際貢献となろう[112]」という提言を行っている。まったく賛成である。もっとも、小林（直）自身が言っているように、「ただその場合でも、自衛隊の根本的な改編は、多くの抵抗が予想され、最悪の事態としてはクーデタの可能性も考えられるから、一般国民の圧倒的世論のほかに、自衛隊員じたいの大幅なコンセンサスも必要である[113]」ことは当然であろう。

(二)　自衛隊の対米軍関係

札幌地裁判決は、自衛隊の対米軍関係にも触れているので、これについてもみておくことにしよう[114]。

(1)　昭和三五年一月一九日日本政府とアメリカ合衆国政府との間で締結された「日本国とアメリカ合衆国との間の相互協力及び安全保障条約」第三条は「締約国は、個別的に及び相互に協力して、継続的かつ効果的な自助及び相互援助により、武力攻撃に抵抗するそれぞれの能力を、憲法上の規定に従うことを条件として、維持発展《ママ》させる。」と、第四条は「締約国は、この条約の実施に関して随時協議し、また日本国の安全又は極東における国際の平和及び安全に対する脅威が生じたときはいつでも、いずれか一方の締約国の要請により協議する。」、第五条第一項は「各締約国は、日本国の施政下にある領域における、いずれか一方に対する武力攻撃が、自国の平和及び安全を危うくするものであることを認め、自国の憲法上の規定及び手続きに従つて共通の危険に対処するよう行動することを宣言する。」と定め、わが国に対する武力攻撃に対処して自衛隊と米軍との共同行動をとることを規定している。

そして同判決は、自衛隊の対米軍関係の実態について、源田実元航空自衛隊幕僚長の証言を取り上げる。それは、次のようなものである[115]。

今、自衛隊で、航空自衛隊はもとより、米軍と非常に緊密な共同の下にやる準備をしております。……そこで問題は今の日本の航空自衛隊というものが、何を目標として訓練をし、何をやるべさか《ママ》というと・・・そのうちの攻撃的な面は日本はやらないことになつておりますからやらないのですが、防御の主体というものはアメリカの持つている反撃力を守る。日本自体が反撃すれば日本の反撃力を守ることである。アメリカの反撃力が飛び立つている基地を守る。日本がもし反撃をやるならば、日本の反撃力を守るように、そういう具合にこれを配置すべきである。

つまり、米中の全面衝突が生じたような場合には、「『安保』のきずなを通じて、日本は必然的に戦争にまきこまれ、自衛隊は〝本体〟たる米軍と一体となって[116]」、米軍を守り、「アメリカの勝利のために戦[117]」うということである。自衛隊は、――たとえ、首相や防衛大臣がどのように弁明しようとも――、その実体は「アメリカの勝利のために戦」う「他衛隊[118]」に他ならないのである。

このような自衛隊の対米軍関係が、戦争の放棄を謳った憲法第九条に違反することは明白である（日米安保条約〔一九六〇〔昭和三五〕年一月一九日署名、同年六月二三日発効〕関係の最重要裁判例として、「……実質的に考察するとき、わが国が外部からの武力攻撃に対する自衛に使用する目的で合衆国軍隊の駐留を許容していることは、指揮権の有無、合衆国軍隊の出動義務の有無に拘らず、日本国憲法第九条第二項前段によつて禁止された陸海空軍その他の戦力の保持に該当するものといわざるを得ず、結局わが国内に駐留する合衆国軍隊は憲法上その存在を許すべからざるものといわざるを得ないのである[119]」と判示して、駐留米軍を違憲と裁定した一九五九〔昭和三四〕年三月三〇日の砂川事件東京地裁判決〔伊達秋雄裁判長[120]〕参照）。日本が、アメリカとの従属関係を断ち切って、主権国家として自主性を回復するためには、日米安保体制（日米軍事同盟）を一刻も早く解消し、国内から軍事施設（自衛隊及び駐留米軍の基地ならびにその関連施設）及び軍需産業を廃止、撤廃することが何よりも優先されるべきであろう[121]。

（三） 文民統制 （シビリアン・コントロール）

戦力関連の事項として、もう一点、つけ加えておくべきは、憲法第六六条第二項の文民条項についてである。この条項については、憲法が軍の存在を承認したものであるとする学説もあるが[122]、しかし「憲法の統一性という観点から見れば、軍隊（戦力）を否定し、軍人の存在を想定していない憲法に『文民』条項が存在するのは、内閣構成員から軍事的思考と行動様式に支配された人物を排除することにより、平和主義をより徹底する趣旨と解すべきであろう[123]」。

「文民」の解釈としては、当初は「正規の職業軍人の経歴を有していた者は『文民』でない[124]」とする説が、一般的であった。しかし自衛隊の創設（一九五四〔昭和二九〕年七月一日）によって、一九六五（昭和四〇）年以降、政府は「旧職業軍人の経歴を有する者であって、軍国主義的思想に深く染まっていると考えられるもの」は「文民」ではないとその見解を変更した[125]（すなわち、政府は「元自衛官は、過去に自衛官であったとしても、現に国の武力組織たる自衛隊を離れ、自衛官の職務を行っていない以上、『文民』に当たる[126]」とする）。

しかし学説上は、「思想の内容を問題にしている点や、判断基準が不明確であることから」、政府見解に対する「支持者は少な[127]」く、もっぱら文民＝「旧帝国陸海軍の職業軍人であった者および現職自衛官を除いた者」とする説、あるいは文民＝「旧帝国陸海軍の職業軍人であった者および現職・退職自衛官を除いた者[128]」とする説が有力である。ただ、「現に存在する事実上の軍隊としての自衛隊……を構成する職業軍人が、万が一にも国務大臣になりうるような可能性を、少なくも憲法上認めるわけにはゆかない[129]」から、「自衛官の職を離れた後も、国務大臣の地位から排除されるのは、社会的身分による政治的関係における差別（憲法一四条）である」といった「自衛隊の憲法適合性の問題をネグレクトする逆転した議論[130]」に与する「わけにはゆかない」。とすれば、文民の解釈としては、最も厳格な「旧帝国陸海軍の職業軍人であった者および現職・退職自衛官を除いた者」を採用すべきであろう。

文民統制（シビリアン・コントロール）（「政軍関係において、軍事統制の主体を文民に置くとする原則[131]」）については、自衛隊法上、自衛隊の最高指揮監督権者は内閣総理大臣であり（同法第七条）、防衛大臣が同法の定めるところに従い、自衛隊の隊務を統括する（同法第八条）ことになっている。しかし福島新吾は、このような文民統制のあり方に対し、次のような問題点を指摘する[132]。

現在の自衛隊法では、防衛出動以後の自衛隊の行動指揮の命令に関しては、かつての陸軍に対する大元帥の大命として天皇の裁可をうけた「大陸命」、同じく海軍に対する「大海令」に相当する、首相の命令形態は定められていない。自衛隊法七条、八条の理解によっては、首相の指揮（実質は委任）を受けた防衛庁長官が陸上、海上、航空各幕僚長の助言を受けて、指揮監督するように読める。その場合に長官命令が「奉勅命令」ほどの文民の統制力を持つことができるとは考えにくい。制服幹部の助言にひきずられない、政治の最高判断が保障できるかどうかについては疑問が多いのである……。

おそらくこうした点については、多くの学者が共有しているところであると思われるが、例えば深瀬も以前、自衛隊及び駐留米軍に対する「文民統制および民主的統制のシステムが実効的に機能しているかについては、大いに問題がある」として、文民優位（「内局」の下に「制服」）の「逆縦断方式」から「自衛隊の実力増強と高度専門技術化にともない『制服』組の『うっぷん』と実力と専門知識につき上げられ、実際上、内局と幕僚の両者併列の『均衡方式』、さらには幕僚優位の『縦断方式』の実態に逆転するおそれがある」[133]と述べていた。その後、その「おそれ」は現実のものとなり、二〇一五（平成二七）年六月防衛省設置法（第一二条）が改正され、文民統制（及び民主的統制のシステム）は「内局と幕僚の両者併列の『均衡方式』」、実質的には「幕僚優位の『縦断方式』」に「逆転」した（いわゆる「文官統制」の廃止）。これにより、日本の文民統制は甚だしく空洞化されるに至ったのである。

九　「三矢研究」について

第九条の解釈に直接関わることではないが、札幌地裁判決が「三矢研究」（「極秘　昭和三八年度統合防衛図上研究〈三矢研究〉」）について言及したことは、格別に注目に値する。「三矢研究」は、一九六三（昭和三八）年二月から六月末にかけて、一部の幹部自衛官により行われた陸海空三自衛隊の「統合図上研究」であるが[134]、ここには「軍事合理性のみを追求し、議会制の意味を考えようとしない制服官僚の傾向が如実に現れていた」[135]のである。この点について、小林（直）は次のように述べている。[136]

これは、……陸海空三軍の統合結束を毛利元就の故事と昭和三十八年の年号とにかけて「三矢研究」と名づけられたが、その内容はのちの「有事立法」体制の先駆的モデルをなすものであった。「極秘」に行われていた「三矢研究」の内容は、社会党の岡田議員によって六十五年二月一〇日（予算委員会で）明るみに出され、さらに恵庭事件に関する公判廷で当時の統裁官・田中陸将の証言などを通じて、現実性をおびた作戦研究であることが知らされた。

……、それは立憲秩序の観点からみて恐るべき内容のものであった。たとえば七七―八七件にものぼる非常事態法令を臨時国会でわずか二週間の短期に「成立を完了」せしめるなどという乱暴な想定がなされ、しかもそれらの法令がすべて、国家総動員のための対策や、自衛隊の行動を容易ならしめるための施策であるなど、その狙いは、軍事体制の確立をめざすものであったと評されてもやむをえないだろう。

札幌地裁判決は、このような「恐るべき内容」を有する「三矢研究」の概略と問題点を、次のようにまとめている。[137]

昭和三八年度に、自衛隊統合幕僚会議事務局および各自衛隊幕僚監部が中心となっておこなった同年度統合防衛図上研究、いわゆる「三矢研究」では、朝鮮半島において武力衝突が発生したとの想定のもとに、これに伴う、わが国の防衛のための自衛隊の運用などに関して研究がされている。これによると、その主要研究項目は、①基礎研究として、「非常時において必要な統幕事務局及び統合委員会等の組織機能ならびにこれらと内局、各幕、米軍及びその他の関係各省庁との連けい要領」その他、②状況下の研究として、その一「非常事態の生起に際し、とくにその行動においてとらえるべき国家施策の骨子」、その二は「非常事態の生起に際し、自衛隊としてとるべき措置」が掲げられているが、このうち、右その二においては、さらに、「昭和三八年度防衛及び警備計画における作戦構想の適否、とくに次の事項実施上の問題点、a作戦準備、b戦略展開、c初期作戦、d対着上陸侵攻作戦」が研究題目となっている。そして自衛隊の具体的運用などについて、まず米軍が朝鮮半島へ、さらに沿海州、中国東北部に出動したとの想定のもとに、自衛隊は、わが国土を米軍の後方支援基地として確保しつつ、具体的状況に応じた各種の戦闘行動に入ること、とりわけ、わが国自体に対して相手国により反撃がおこなわれた場合、これに対処して起すべき軍事行動の種類、規模、方法などが細目にわたつて検討され、さらに、紛争が核兵器の使用までに発展する場合や、米軍が千島、樺太、北朝鮮を占領した場合などの種々具体的状況の想定のもとに、その際の自衛隊のとるべき軍事諸行動、および米軍との協同関係の調整、とりわけ、日米統合作戦司令部の設置などの研究がされ、そしてまた、これらの事態に際して、わが国国内にも起りうる混乱、反戦抵抗、暴動などに対処して、その治安維持のために、非常事態措置法令の施行をはじめとした戦時国家体制の確立なども対象項目として詳細な研究がおこなわれている。そしてこれらの研究目的は、……「極秘昭和三八年度総合《ママ》防衛図上研究（三矢研究）」によれば、これらの「…・非常事態に際するわが国防衛のための自衛隊の運用ならびにこれに関連する諸般の措置及び手続を統合の立場から研究し、もつて次年度以降の統合及び各自衛隊の年度防衛及び警備の計画作成に資するとともに米軍及び国家施策に対する要請を明らかにして防衛のための諸措置の具体化を推進する資料とする。」とされており、また、右研究当時の統合幕僚会議事務局長田中義男も、この三矢研究は、わが国将来の防衛計画に影響を与えるものとして考えられていた、と述べていた。ところで、わが国の防衛戦略の大綱は、一応昭和三二年五月二日内閣閣議で決定された「国防の基本方針」、およびその後の第二次、第三次の各防衛力整備計画などに示されており、自衛隊は、これらに基づいて、毎年統合幕僚会議においてその年度の「統合情報見積」なるものを作成し、これを基礎として「統合年度防衛警備計画」（なおこれは旧日本軍の「年度作戦計画」に対応するものである）や、各自衛隊の「年度防衛警備に関する計画」を作成して、国外からの武力攻撃に対する防衛行動や、国内での治安維持のための警備活動に際しての自衛隊の作戦、運用を定めているが、この三矢研究は、前記したその目的や田中事務局長の発言などを考えあわせると、右の「統合年度防衛警備計画」とまつたく無関係な、架空な研究討論としてみることはできないといわなければならない。

今日、緊急事態条項を憲法に創設しようとする動きが国会で活発化しているが、かねてから日本の軍事化を痛烈に批判してきた大江は戒厳（非常事態）立法の危険性について、次のように警鐘を鳴らしている。(138)

……戒厳立法の成立は、授権法体制という赤裸々な暴力的独裁への道を可能にする第一歩である。だから、戦時立法に名をかりての戒厳立法の必要がたえず持ちだされるのであるが、戒厳立法制定の必要を説く政治家が、きまり文句のように六〇年安保闘争の経験や七〇年安保闘争への対処を口にしてきたように、その真の意図は、国内民衆にたいする軍事的制圧に向けられているのである。この危険な戒厳立法への道は、公共の福祉にたいするさしせまった危険を口実としての、そのさいにおける人権の制限および地方自治への政府の介入を容認するところから開かれる。緊急事態を理由とする人権の制限や地方自治の制限を認めるような立法を絶対に許さないことが重要である。

……戒厳立法、非常事態立法は、すぐにでも振りおろすことのできる抜身の白刃を、常時、権力者の手中にあずけることを意味する。したがって、この種の立法は、真に国家存亡の危機にあたっては不必要であるし、それ以外のばあいには極度に有害であり、危険である。

十　第九条の本旨

政府は、一九四六（昭和二一）年六月二〇日、「帝國憲法改正案」を第九〇回帝国議会（衆議院）に提出した。その第九条は、次のようなものであった。[139]

第二章　戦争の抛棄
第九条　国の主権の発動たる戦争と、武力による威嚇又は武力の行使は、他国との間の紛争の解決の手段としては、永久にこれを抛棄する。
陸海空軍その他の戦力は、これを保持してはならない。国の交戦権は、これを認めない。

吉田茂首相（当時）は、同月二五日、衆議院本会議において、第九条の「提案理由」を、次のように述べた。[140]

改正案は特に一章を設け、戦争抛棄を規定致して居ります。即ち国の主権の発動たる戦争と武力に依る威嚇又は武力の行使は、他国との間の紛争解決の手段としては永久に之を抛棄するものとし、進んで陸海空軍其の他の戦力の保持及び国の交戦権をも之を認めざることに致して居るのであります。是は改正案に於ける大なる眼目をなすものであります。斯かる思い切った条項は、凡そ従来の各国憲法中稀に類例を見るものでございます。斯くして日本国は永久に平和を念願して、其の将来の安全と生存を挙げて平和を愛する世界諸国民の公正と信義に委ねんとするものであります。此の高き理想を以て、平和愛好国の先頭に立ち、正義の大道を踏み進んで行こうと云う固き決意を此の国の根本法に明示せんとするものであります。

同じく吉田首相は、同月二六日の衆議院本会議で、原夫次郎（日本進歩党）の質問に対して、次のように答弁した(141)（なお、この答弁は、札幌地裁判決でも援用されている(142)）。

戦争抛棄に関する本案の規定は、直接には自衛権を否定はして居りませぬが、第九条第二項に於て一切の軍備と国の交戦権を認めない結果、自衛権の発動としての戦争も、又交戦権も抛棄したものであります。従来近年の戦争は多く自衛権の名に於て戦われたのであります。満洲事変然り、大東亜戦争亦然りであります。今日我が国に対する疑惑は、日本は好戦国である、何時再軍備をなして復讐戦をして世界の平和を脅かさないとも分らないというのが、日本に対する大なる疑惑であり、又誤解であります。先ず此の誤解を正すことが今日我々としてなすべき第一のことであると思うのであります。

又此の疑惑は誤解であるとは申しながら、全然根柢のない疑惑とも言われない節が、既往の歴史を考えて見ますると、多々あるのであります。故に我が国に於ては如何なる名義を以てしても交戦権は先ず第一、自ら進んで抛棄する、抛棄することに依って全世界の平和の確立の基礎を成す、全世界の平和愛好国の先頭に立って、世界の平和確立に貢献する決意を、先ず此の憲法に於て表明したいと思うのであります。（拍手）之に依って我が国に対する正当なる諒解を進むべきものであると考えるのであります。

また憲法担当の金森徳次郎国務大臣（当時）も、七月九日の衆議院帝国憲法改正案委員会において、藤田榮（新光俱楽部）の質問に対し、次のように発言した。(143)

憲法第九条の前段の第一項の言葉の意味する所は固より自衛的戦争を否定すると云ふ明文を備へて居りませぬ。併し第二項に於きましては、其の原因が何であるとに拘らず、陸海空軍を保持することなく、交戦権を主張することなしと云ふ風に定まつて居る訳であります。是は予ねく〳〵色々な機会に意見が述べられました通り日本が捨て身になつて、世界の平和的秩序を実現するの方向に土台石を作つて行かうと云ふ大決心に基づくものである訳であります。……此の規定を設けました限り、将来世界の大いなる舞台に対して日本が十分平和貢献の役割を、国際法の各規定を十分利用しつつ進むべきことは、我々の理想とする所である訳であります。

……

第九条に関する政府の意思は、明瞭である。これについて、佐々木弘通は次のように述べている。(144)

日本国憲法は国民主権を建前とするので、「制憲者意思」の把握に当たっては、制憲過程の全てを視野に入れつつも、最終的に制憲過程において国民にいちばん近い機関だった帝国議会衆議院の意思を決め手にすべきである。憲法制定過程の帝国議会議事録を見れば、新憲法草案の提案者である政府は一貫して、第九条一項については侵略戦争のみを放棄し自衛戦争まで放棄しないとの理解に立ちつつ、二項前段が戦力の保持を全面的に禁止するから自衛戦争を行うことも現実には不可能だ、という説明を行っている。そういう理解で提案された第九条の憲法条文を、帝国議会の衆議院は採択した。ゆえに憲法制定後の解釈学説のタームを用いて言うと、憲法第九条の制憲者意思は、一項で侵略戦争放棄説を採り、二項前段で、警察力を超える実力説的に理解された「戦力」の、全面的不保持説を採るものだった。

また山内も、「まず明確に確認しておくべきは、日本国憲法制定当時の政府見解ならびに制憲議会の意思は、九条の下では一切の戦争が放棄され、かつ一切の戦力の保持が禁止されるという非武装平和主義をその内容とするものであったということである(145)」と言明している。

このような制憲議会における首相や大臣の答弁等（第一項の解釈に多少の問題はあるが）には、先

〔「七（二）」〕にも述べたとおり一九五四（昭和二九）年一二月以後、政府が唱えるようになった自衛力論などは微塵もみられない。自衛力（自衛隊）を合憲とする見解の中には、例えばマッカーサー・ノート（本書「第一章の十」参照）にあった「自己の安全を保持するための手段としての戦争をも、放棄する」という文言がGHQ総司令部案（第八条）（本書「第一章の四」参照）（一九四六［昭和二一］年二月一三日）に存しない（この文言を削除したのは、当時、民政局次長であったチャールズ・ケーディスであるとされる）[146]ことを以て、――マッカーサー・ノートで否認されていた――自衛権（自衛力、自衛戦争）が承認されることになったと説くものがあるが[147]、しかし「自己の安全を保持するための……」が削除されても、依然として戦力の不保持と交戦権の否認が明記されている以上（しかも、戦力の不保持についていえば、「陸軍、海軍、空軍」の他に、「その他の戦力」が付加され、むしろ強化されている）、「マッカーサーも『マスツ』の基本的趣旨に変更なしとして了承しえたはずであ[148]」り、したがって総司令部案が自衛権を否定し、一切の戦争と一切の戦力を放棄したものであったことは疑いの余地はないのである。

憲法第九条は、まさしく一点の曇りもなく、絶対的戦争放棄＝完全非武装条項なのである。

十一　昨今の第九条をめぐる問題状況――一

このような「世界史的な意義を有する」[149]第九条を放棄することは、「極東の軍事大国の酷烈な挫折の体験を通じて、客観的には現代の人類の純粋な英知が生んだ所産[150]」を放棄することである。日本国民は、アジア太平洋戦争、特に「ありったけの地獄を集めた」といわれた沖縄戦から「軍事力による防衛態勢をつよめればつよめるほど、攻撃力はさらにつよまるということ」（例えば岡本三夫は、「ある島では『軍隊がいなければ敵は攻めてこない』という校長先生の考えで、日本軍はいなかった。戦争末期に米軍はその島にも上陸したが、軍隊がいないので引き揚げた。島民は一人も戦争の犠牲にならなかった」という「沖縄県渡嘉敷島の鼻先にある前島で起きた実話[151]」を紹介している）「軍隊と軍事基地の存在こそ、もっとも危険だということ」「友軍こそがもっとも危いということ[152]」を学んだはずである。

近頃、「世界第七位の陣容を誇る防衛力[153]」あるいは「世界において大体八位、少なくとも一〇位以内にランクされる総合的戦争遂行力をもつ[154]」とされる自衛隊のさらなる増強を望む声が大きくなっているが、本当にそれでいいのであろうか。こちらが軍事力を強化すれば、向こうも強化するに決まっているから、「互いにどこまでいっても安心感は得られない[155]」ことになる。軍拡は、軍需産業を喜ばせるだけである（いわゆる軍産複合体は、「軍事と産業の結合体は、軍と産の相互協力によって、国の財政からの軍事費の支出を次第に大きくし、それによって軍と軍需産業を肥大化させ、軍国化へのドライブを決定的に進める機能を果たすものであ[156]」り、その危険性はいくら強調してもしすぎることはないであろう[157]）。

いうまでもなく、現在の国際社会は帝国主義時代のそれではない。国際法（国際連合憲章等）でも、原則として「武力による威嚇又は武力の行使」（第二条第四項）は禁止されている。したがって、ロシアによるウクライナ侵攻（二〇二二［令和四］年二月）は、強く非難されるべきである。しかし、四方を海に囲まれ、資源も食料もなく（例えば、石油は約九九・七％が輸入である［二〇二一〈令和三〉年一月］[158]。ちなみに藤井治夫は、「現代戦は石油の戦いです。……これが輸入できなくなると、高価な戦闘機や軍艦、戦車も、ただの鉄クズです」[159]といっている」し、食料自給率も三八％［二〇二二〈令和四〉年度］[160]［農林水産省］にすぎない）、生活必需物資の大半を海外に依存しているような日本に対し、どこの国が何の目的で侵攻してくるというのか。何ら根拠のない暴論である。

にもかかわらず、最近は以前にもまして、中国脅威論やロシア脅威論が喧しい。中国が襲って来る、ロシア（ソ連）が攻めて来る、といわれて久しいが、中国もロシアも一向にやって来ないではないか。いったいいつまで待てばやって来るというのか。不思議なのは、「悪玉の権化」であるこの両国が、東日本大震災（二〇一一［平成二三］年三月）の際に、日本に侵攻して来なかったことである。相手の急所に打撃を加えるのが、軍事の鉄則であろう。とすれば、日本はこの時、未曽有の大混乱に陥っていたのであるから、侵攻する絶好のチャンスであったはずである。ところが実際には、侵攻どころか、両国はすぐにさまざまな支援を行ってくれたではないか。この事実を政府、保守右翼勢力やそれを支援するメディアは、ほとんど何も語らない。これは、どういうことなのか。もういい加減にウソとデタラメをばら撒くのは、やめようではないか。とても良識ある人間のすることではない。よほどの敵対行為（それこそ先制攻撃）でもしない限り、日本が他国から攻撃されることなどあり得ない（ジュネーヴ諸条約第一追加議定書〔一九七七〈昭和五二〉年六月八日署名、一九七八〈昭和五三〉年一二月七日発効〕第五九条が定める自治体の「無防備地域」宣言も参照[161]）。自民党、日本維新の会等は、ロシアのウクライナ侵攻を以て、ロシアが今度は日本を侵略しに来ると声高に騒ぎ立てている。しかし、ロシアがウクライナに侵攻したのは、ウクライナのＮＡＴＯ加盟を阻止するためであったのであり、日本には全然関係のないことである。戦争を賛美する右翼勢力のウソやデタラメに騙されてはならない（なお現在、世界には「軍隊のない国家」「非武装国家」がコスタリカ、アイスランド、バチカン、パラオ、モーリシャスなど二十数か国ある[162]が、これらの国々が「無軍備のゆえに不正な侵略を受けた例はほとんどみられない[163]」とされる）。

もちろん、ここ数年来、すさまじいペースでミサイルを打ち上げ、東アジアにおける軍事的緊張を拡大している北朝鮮に対しては、周辺諸国のみならず国際社会が一致してより強力な経済制裁等を科すべきである。核を開発し、国際法を無視し続けるような異常な国を野放しにしておいてはならない。

政治や戦争に対する国民の無関心も強まっている。他国による侵略には漠然と恐怖を感じながらも、〝中国やロシアが攻めて来たって、どうせ戦うのは自衛隊だし（つまり、自分には関係ないし）、いよいよ危なくなればアメリカが助けてくれる〟といった安易な考えが、国民（特に、若者）の間に広まっているようである。しかし、「いったん戦争が開始されると、国民はたちまち政府の政策の手段と化し、無限に犠牲に供せられる消耗品にすぎなくなる。最終的に国民の安否などは問われることにはならない。問題とされるのは、戦争の勝敗による一つの政治体制の生死のみである」[164]し、また「日本という〝外国〟のために、アメリカが核戦争の危険にまで〝自国〟の運命を賭けて参戦するという考え方はきわめて甘く、危険というべきであ[165]」る。小山内宏は、「日米安保」について、次のように述べている[166]。

……、日米安保があるから、アメリカは日本をその約束上、守ってくれるはずだ、という人びとも多い。だが、国際関係や国益判断というものは、もっと厳しいものなのだ。アメリカは南ヴェトナム政府と軍事同盟、一つの〝安保〟を結んだ。それは、南が共産主義の侵略にさらされたときは、その侵略を排除して自由社会を確立するまで「共に戦う」という目的のものであった。しかし、七年半にわたる泥沼戦争の果て、約五〇万人にも達する死傷者、一、〇〇〇億ドルを超える戦費を出すと、アメリカは、共産主義が南ヴェトナムに大きく勢力を据えたにもかかわらず、「共に戦う」ことを止めてしまったのだが、それは自国の〝国益〟を考慮してのことであり、また当然なことなのである。

しばしば、ソ連のような国が日本に戦いを挑んだとき、アメリカは〝安保〟によって救援に立つ、といわれる。だが、現実にはその確率はけっして高いものではない。

しかし、日本の政府も国会（の多数派）も裁判所も、アメリカを信じて疑わない。その典型的事例として、砂川事件における最高裁判決をみることができる。[167] 同判決は、駐留米軍を違憲とした東京地裁判決を破棄して、次のように判示したのである。

……、右のような憲法第九条の趣旨に即して同条二項の法意を考えてみるに、同条項において戦力の不保持を規定したのは、わが国がいわゆる戦力を保持し、自らその主体となつてこれに指揮権、管理権を行使することにより、同条一項において永久に放棄することを定めたいわゆる侵略戦争を引き起こすがごときことのないようにするためであると解するを相当とする。従つて同条二項がいわゆる自衛のための戦力の保持をも禁じたものであるか否かは別として、同条項がその保持を禁止した戦力とは、わが国がその主体となつてこれに指揮権、管理権を行使し得る戦力をいうものであり、結局わが国自体の戦力を指し、外国の軍隊は、たとえそれがわが国に駐留するとしても、ここにいう戦力には該当しないと解すべきである。

政府見解を追認したこの判決に対しては、憲法学者から多くの疑問や批判が寄せられたが、例えば小林（直）は次のように述べた。[168]

……指揮権も持ちえず発動の義務づけもできない外国軍隊だから違憲ではないという論理は、形式的法理としてはもっともだとしても、実質的には甚だ奇妙なことになろう。危険な可能性をはらむ戦力が、日本の所有する軍隊ならば違憲であり、日本国民のコントロールに服しない治外法権的な駐留軍——それはその存在において確実に日本の独立と主権を傷け《ママ》る——ならば合憲だというのでは、話はアベコベだということにはならないか。

また山内も、この判決を次のように酷評した(169)。

> 　そもそも、最高裁のような九条解釈は、占領下においてならば格別、講和条約によって独立を回復した後の日本国憲法の解釈としては、到底支持することができないものというべきであろう。
>
> いったい最高裁は、「日本の独立と主権」をどう考えているのか。これではまるで、優先されるべきは「日本の独立と主権」ではなく、「日本国民のコントロールに服しない治外法権的な駐留軍」であるといわんばかりではないか。唖然とする他ない。

十二　昨今の第九条をめぐる問題状況——二

憲法第九条を持つ日本は、いかなる国際紛争の解決に当たっても、武力による威嚇や武力を行使することは決して許されず、平和外交によってその安全を確保しなければならない。近頃、抑止力(「一国が侵略しようとする場合、その侵略によって得るであろう利益以上の耐えがたい損害が与えられるであろうことを、その国に認識させることによって、侵略を未然に防止しようとする力をいう」[170])という言葉が政府関係者を中心に頻繁に使われているが、その軍事力の「抑止効果」については、札幌地裁でも「突っ込んだ論議」が行われ、「その結論は『わからない』ということであ」[171]った。核抑止力についていえば、「核抑止力はきわめて脆いバランスの上に立っている。……しかも、多くの専門家が指摘してきたとおり、諸々の安全装置にもかかわらず、『偶発、誤算、または狂気』による核戦争の突発の蓋然性は、決して小さくはない」[172]のである。

「日本の地理的・経済的諸条件を考えれば、この国は現代戦に最も脆弱かつ不適当な状態にあるから、軍事力で有効に国民を防衛することは不可能である」[173]。自衛隊を今の数倍に増強しようが、敵基地を先制攻撃しようが、日米共同作戦を実行しようが[174]、メガロポリスに集中する工場や石油タンク、情報神経中枢、大都市の密集住宅、原発基地等が、一斉にミサイル攻撃を受けたら(最短距離では、わずか五分で日本の中枢部を叩き得るとされる)[175]、日本は壊滅である。高度工業化社会となった日本は、「現代の破壊戦に対して世界で最も脆弱な国であ」って、もはや「どの観点からしても、現代戦をたたかいうる国ではない」[176]のである。とりわけ、「原発への攻撃は、大害を齎すにも拘らず防禦至難」[177]であり、「万一、若狭湾一帯に散在する……原子炉のうち、たった一基でも破壊され、放射性分裂生成物(いわゆる死の灰)が外にもれ出る事態となれば、気候や風向き、それに

『死の灰』の量にもよるが、その被害は少なくとも北陸全域におよぶのは確実で、半減期二万四〇〇〇年のプルトニウム239は、ほぼ永遠に消え去らない。／若狭湾でなく、東海村や福島県の原発に攻撃がかけられたとしたら、首都圏も影響をまぬがれることはできない。原発列島とさえいわれる日本だから、どこに住んでいても『死の灰』はまちがいなく頭上をおおうだろう。こうなると、原発はまさしく『自殺用核爆弾』となる(178)」。半田滋がいうように、「弾道ミサイルが日本に向けられ、原発が狙い撃ちになるような事態に自衛隊は対処できない。わが国は各地に原発を建設した時点で、攻撃に弱く、戦争のできない国になったと考えるほかない(179)」のである。

このような「事態」が、なぜ政府には想定できないのか。それどころか、政府は導入を決定していたミサイル防衛構想（イージス・アショア）が実現不可能であることがわかると、今度は一転して敵基地攻撃能力（反撃能力）の保有を声高に強調し、まともな議論もなされないうちに、さっさと閣議決定してしまった（「安保関連三文書」〔二〇二二〈令和四〉年一二月一六日〕）。長らく日本の防衛政策の基本とされてきた専守防衛（「相手から攻撃されたときのみはじめて軍事力を行使する、という受動的な防衛戦略の姿勢(180)」）はこうして、いとも簡単に捨て去られたのである。

では、敵のミサイル基地を先制攻撃して、これを破壊しさえすれば、日本の平和は保たれるのかといえば、事態はそう単純ではない。敵のミサイル基地を一時に全部破壊することなどできるわけがないし、そもそも相手も日本からの攻撃に備えてそれ相応の対策を講じているはずであるから、すぐさま（例えば、地下施設や潜水艦等から）反撃が返ってくることは必至である。しかも、日本が先制攻撃の対象としている国が、すべて核保有国（核弾頭保有数は、二〇二四〈令和六〉年六月一日現在[181]、中国五〇〇発［世界第三位］、ロシア五五八〇発［第一位］、北朝鮮五〇発［第九位］である）ことからすれば、相手がそのいずれであっても反撃はより苛烈なもの、すなわち核をも含むものとなることは避けられないであろう。もしも、「東京都の中心部」に一発の五メガトン水爆が投下されれば、「霞が関や皇居はもちろん、旧市内の大部分は全滅し、火災範囲は千葉・木更津・横浜・立川・川越等に及ぶと計算される。一瞬にして、国の立法・行政・司法の中枢部は壊滅し、数百万人が死亡することになろう[182]」とみられる。このような核の脅威に対して、政府が近年、打ち出しているのが、シェルター整備論である。しかしシェルターは、地下に建造されるとはいえ、核爆発の場合にはほとんど役に立たない。核の威力にもよるが、それが巨大なものであればあるほど、仮に放射線や熱線には耐えられたとしても、熱風にはとても耐えられないからである。つまり、莫大な費用を投じて、各地にシェルターを建造しても、本格的な戦争、とりわけ核戦争にあっては国民を防衛することは不可能なのである。

敵への先制攻撃論（敵基地攻撃能力保有論）はとどのつまり、「こちらに都合の良いシナリオだけ書いて、向こう側の現実の対応を考えない……防衛論としてナンセンス[183]」極まるものであり、政府の防衛政策がいかに非現実的で、危険なものであるかを示す好例である。日本を滅亡に導きかねないこのような愚策は、今すぐ廃棄すべきである。

浦部が的確に述べているように、「『非武装平和などと青臭いことをいっているが、どこかが攻めてきたらどうするのだ』という非難は、『現実主義者』たちからよく聞かれるが、攻められたらどのみちおしまいなのである。だから、『攻めてきたらどうするか』ではなく、『攻められないようにするにはどうするか』を考えるべきなのである。そして、偶発戦争ということをも考慮に入れて、攻められないようにするには、軍事的な緊張をいっさい解消することしかない[184]」のである。日本の「安全」は、「軍事力によって守られうるものではな」く、「軍事的な対立・緊張をいっさい引き起こさないことによってのみ[185]」、確保されるのであって、「もし、日本の『安全と平和』を守りぬこうとするのなら、〝万一〟にも戦争などというものを起こしてはならない[186]」のである。

小林（直）はかつて、自衛隊は「単純計算を試みても、〝一個師団受持正面一五キロ以下〟とすれば、一三師団で二六〇キロ――陸自の全師団を一線だけに並べても、東京―浜松にも及ばない距離にしかならない[187]」から、日本の三七万平方キロを防御することはとてもできないといっていたが、いっそう問題なのは自衛隊が「国民生活」をも「守りえないばかりでなく、守るつもりもないと考えられる[188]」ことである。小林（直）は、「その一番いい証拠は、自衛隊の作戦計画や演習で、国民を守る手だてがほとんど予定されていない点に見られる。……これまでも……、北海道や関東で諸種の演習が行われてきたけれども、不思議なことに、激烈な戦闘の中で国民がどのように守られるのか、どの作戦でもおよそ考慮されていないらしいのである[189]」と述べる。なるほど、現在では国民保護法が制定され（二〇〇四［平成一六］年六月成立、九月施行）、そこには住民の避難、救援等が明記されているが、しかし同法の真の目的は何かといえば、それは国民の「保護」ではなく、国民や地方自治体、民間組織を広く戦争に動員することである。すなわち国民保護法は、国家総動員体制を志向した戦争法そのものであるということができるのである。「国民保護」の名称にごまかされてはならない。(190)

日本政府は、制憲議会で吉田首相が語ったとおり、「我が国に於ては如何なる名義を以てしても交戦権は先ず第一、自ら進んで抛棄する、抛棄することに依って全世界の平和の確立の基礎を成す、全世界の平和愛好国の先頭に立って、世界の平和確立に貢献する決意を、先ず此の憲法に於て表明したいと思うのであります」という初心に戻って、一から出直すべきであろう。

芦部信喜も、日本国憲法における「日本の安全保障」について、次のようにいっている。(191)

> 日本国憲法は、日本の安全保障について、前文で、「平和を愛する諸国民の公正と信義に信頼して、われらの安全と生存を保持しようと決意した」と述べ、国際的に中立の立場からの平和外交および国際連合による安全保障を考えていると解される。……日本国憲法の平和主義は、単に自国の安全を他国に守ってもらうという消極的なものではない。それは、平和構想を提起したり、国際的な紛争対立の緩和に向けて提言を行ったりして、平和を実現するために積極的行動をとるべきことを要請している。

これこそが、日本国憲法の平和主義であろう。ところが日本政府は、「平和構想を提起したり、国際的な紛争対立の緩和に向けて提言を行ったりして、平和を実現するため」の「積極的行動」を――ロシア・ウクライナ戦争、ガザ紛争をみれば明らかな如く――何ら取らないばかりか、日本の国家主権と日本国民の人権を侵害してやまない日米地位協定（一九六〇［昭和三五］年一月一九日署名、同年六月二三日発効）[192]を改定する気力も持たず、ただひたすらアメリカに追従しているのである。最近の核兵器禁止条約（二〇一七［平成二九］年七月七日採択、二〇二一［令和三］年一月二二日発効）の署名・批准拒否問題や沖縄の辺野古代執行（二〇二三［令和五］年一二月二八日）等をみても、日本は「日米安保の網に自ら進んでがんじがらめになりつつある」[193]ようにしかみえない。ここまでしておきながら、さらにアメリカが引き起こす大規模（核）戦争に巻き込まれでもしたら、日本国民は堪ったものではない。およそ三一〇万人もの犠牲者を出したアジア太平洋戦争の二の舞は、まっぴら御免である。日本政府は、アメリカ一辺倒の従属的政策を即刻改め、中立（軍事的）、全方位平和外交に転換すべきである。

十三　札幌地裁判決の意義と第九条

憲法学の通説に従って、憲法第九条を戦争及び戦力の全面的放棄条項であると認定し、これに即して、自衛隊を明確に「軍隊であり」、違憲であると判示した札幌地裁判決は（若干の問題点があるものの）、駐留米軍を違憲と認定した砂川事件東京地裁判決とともに、日本の司法の「歴史のうえに長い光芒を残すにちがいない[194]」。

憲法前文第二段や第九条、第一三条等によって、平和的生存権[195]（札幌地裁判決は、裁判所の判決の中で初めてこの権利を「憲法上の基本的人権」として承認した[196]〔「……このような高射群施設やこれに併置されるレーダー等の施設基地は一朝有事の際にはまず相手国の攻撃の第一目標になるものと認められるから、原告らの平和的生存権は侵害される危険があるといわなければならない[197]」〕が、その後、名古屋高裁〔二〇〇六〈平成一八〉年四月一四日〕〔青山邦夫裁判長〕の自衛隊イラク派兵差止訴訟控訴審判決も、その具体的権利性を認めている[198]〔「……平和的生存権は、……極めて多様で幅の広い権利であるということができる。……法規範性を有するというべき憲法前文が……『平和のうちに生存する権利』を明言している上に、憲法九条が国の行為の側から客観的制度として戦争放棄や戦力不保持を規定し、さらに、人格権を規定する憲法一三条をはじめ、憲法第三章が個別的な基本的人権を規定していることからすれば、平和的生存権は、憲法上の法的な権利として認められるべきである[199]」〕）を保障された「全世界の国民」、中でも「核兵器の非人道性」を、身を持って体験した世界で唯一の国民である日本国民は、「原爆投下の廃墟の中から生まれた……『人間性の最善の部分』の体現であ[200]」り、「全人類の願いであり、日本の誇りである[201]」憲法第九条の「不戦主義」を「愚直に信じ、主張し、実践す[202]」べきであろう。

昨今、政府・与党や一部の保守右翼野党によって企図されている——「自衛力」論から「自衛戦力」合憲論への転換、「交戦権」否認規定の空文化、集団的自衛権の全面的承認、首相の統帥権の創設、徴兵制の合憲化、軍事的徴用制の合憲化、自衛隊のための土地収用の合憲化、軍事秘密法制の強化、軍事規律の強化と軍法会議の設置、地方自治の形骸化等をめざす[203]――憲法第九条の改悪、いわゆる自衛隊加憲論[204]や、これと「連動して戦争体制の構築に資する[205]」緊急事態条項の創設等[206]は、「失敗を証明した」戦前の「軍国主義的発展モデル[207]」を復活させようとするものであり、絶対に認められない。

では最後に、家永三郎の「国家は万能か」（「国家万能の発想とそれにもとづく施策がどれほど危険なものであるか[208]」）の一節を紹介して、本章を締め括ることにしよう[209]。

残念ながら、一九五〇年代ごろから米ソ両大国を中心とする冷戦の激化、局地的熱戦の頻発していくなかで、はじめはアメリカの命令により、やがて日米両国政府の合意のもとで、共産主義諸国を「敵」とする前提での日本の再軍備と日米軍事同盟関係とがすすめられ、隊員の士気・能力はどうか知りませんが、装備においては世界有数の軍隊といってよい自衛隊が育成されたうえに、日米安保条約によって、日本全国に米軍基地が数多く設けられ、アメリカの軍艦が日本の港に常時出入りし、米軍基地や入港米艦に核兵器が備えられていることも、公然の秘密となっております。このようにして、憲法九条は既成事実のつみかさねにより事実上空文化しましたけれど、それにもかかわらず憲法九条とその背景をかたる憲法前文は、一字も変えられることなしに厳存しているのです。……

そもそも日本の再軍備や日米軍事同盟は、日本の独立をまもるためのものでしょうか。自衛隊は事実上、米軍の補助部隊としての役割しかもっておりません。有事のさいには米軍の指揮下に入ると秘密文書（三矢作戦）に書かれていることが、国会で暴露されました。……アメリカは自衛隊の増強を日本に一貫してもとめつづけ、日本政府はこれにおうじて「防衛費」という名目の対米軍事協力費を拡大しつづけ、一方で福祉予算を縮減し、ことに老人は早く死ねといわぬばかりの老人医療改悪をおこないながら、自衛隊の増強と米軍基地へのサービス充実をすすめてきたのです。……

米軍が日本の安全をまもるために日本に駐留している、と本気で考えている人がどのくらいいるでしょうか。米ソ開戦のあかつきには、日本が米本国の安全の身がわりとなって核攻撃吸収の役割を負わされ、日本人はアメリカ本土の人びとの安全のために命をささげる結果となるにちがいありません。……

米軍ばかりではなく、日本人将兵で構成されている自衛隊さえ、いざというときに日本人の生命・財産をまもるつもりは毛頭もっていないことが、はからずも元統幕議長の要職にあった栗栖元臣氏の語るに落ちた談話から明瞭となりました。……

十五年戦争の末期に、日本軍は、沖縄でも、満州でも、朝鮮北部でも、日本人非戦闘員を見すてただけではなく、邪魔になるとおもった日本人老若男女を虐殺することさえはばかるところがありませんでした。日本帝国軍隊の本性は、新日本軍である自衛隊にもそのまま継承されていると考えておいたほうが安全でしょう。……

憲法九条は、国際的対立の激化した世界の情勢にそぐわないものとなった、との主張がありますが、私は、あべこべに、憲法制定当時よりも国際的緊張が高まり、かつ核兵器の発達がいっそうすすんで人類の破滅という世界史上空前の危機に面するにいたったこんにちのほうが、憲法九条のもつ価値をいっそう高からしめているとおもうのです。……

「核の抑止力」によって平和がたもたれているという考え方は、危険きわまるものでありました。核戦力の均衡の維持が核兵器増強のエスカレーションをよび起こし、一触即発の危機を増すばかりであることは、心ある科学者のあいだで定論となっております。日本がアメリカの「核の傘」に入ることによって侵略からまぬかれるという政府の考えは、核戦争勃発のときに日本が上に述べたような状況となるのをまったく度外視した暴論というのほか、評すべきことばもありません。

核をふくむ兵器の破壊力と操作技術とが、第二次大戦当時にくらべ飛躍的な発展をとげたこんにち、日本のように幅がせまく細長い列島で、しかも人口密度や工業施設が海岸地帯に集中している国を軍事力でまもることなどできるものではありません。日本が生き残るための唯一の道は、国際緊張の緩和と核廃絶と軍縮から軍事全廃の理想の旗をかかげ、米ソ両核超大国をはじめ、いまだに軍事力を妄信しているあらゆる国ぐにとその人民にむかい、自発的かつ積極的な平和外交ではたらきかけていくことに全力を傾注するほかない、と確信します。……

それには、まず日本がいかなる国とも軍事同盟をむすばず、いかなる国の軍事基地をも置かせず、いかなる国をも仮想敵と見なす態度をとることなく、世界のすべての国ぐにとその人民との間に友好関係をむすぶようにつとめなければなりません。……

憲法が健在であるかぎり、憲法違反で危険きわまりない軍事力に依存するよりも、憲法理念を忠実にまもり、その理想を世界にひろめて、平和な人類社会を創造するための努力に全力投球することのほうが、どれほど安全でしかも光輝にみちた道ではありませんか。……

注

（1）小山内宏『これが自衛隊だ――戦力・戦略のすべて』ダイヤモンド社、一九七四年。深瀬忠一『長沼裁判における憲法の軍縮平和主義――転換期の視点に立って』日本評論社、一九七五年。深瀬忠一『戦争放棄と平和的生存権』岩波書店、一九八七年。山内敏弘・太田一男『憲法と平和主義』（現代憲法大系 二）法律文化社、一九九八年、一七三―一七九頁。小林直樹『平和憲法と共生六十年――憲法第九条の総合的研究に向けて』慈学社、二〇〇六年、三〇〇―三一九頁。福島重雄［ほか］『長沼事件平賀書簡―三五年目の証言―自衛隊違憲判決と司法の危機』日本評論社、二〇〇九年。等。

（2）前掲、山内敏弘・太田一男『憲法と平和主義』一七四頁。

（3）長沼事件弁護団編『長沼ミサイル基地事件資料』（憲法第九条事件資料集成 一 第四巻）すいれん舎、二〇一一年、四〇五頁。

（4）前掲、小林直樹『平和憲法と共生六十年――憲法第九条の総合的研究に向けて』三〇四頁。

（5）高橋哲哉・斎藤貴男編著『憲法が変わっても戦争にならないと思っている人のための本』日本評論社、

二〇〇六年、六五頁。

(6) 前田哲男編集『岩波小辞典現代の戦争』岩波書店、二〇〇二年、五二頁。

(7) その違憲性については、前掲、小林直樹『平和憲法と共生六十年――憲法第九条の総合的研究に向けて』四五七―五八九頁。自衛隊イラク派兵差止訴訟の会編『自衛隊イラク派兵差止訴訟全記録――私は強いられたくない。加害者としての立場を』風媒社、二〇一〇年、一七一―二〇〇頁（自衛隊のイラク派兵差止等請求控訴事件［判決］）。等。

(8) 「高度に政治的な性格を有することを理由として、裁判所がそれについての憲法適合性の判断を回避することとなる国家の行為」（大須賀明［ほか］編『三省堂憲法辞典』三省堂、二〇〇一年、三五九頁）。なお、統治行為論に対する批判として、奥平康弘「『統治行為』理論の批判的考察」『自衛隊裁判』（『法律時報（臨時増刊）』四五（一〇）、一九七三年、五六―八三頁。前掲、山内敏弘、太田一男『憲法と平和主義』一八一―一九六頁。等。

(9) 前掲、深瀬忠一『戦争放棄と平和的生存権』四〇九頁。

(10) 前掲、長沼事件弁護団編『長沼ミサイル基地事件資料』三六八―三六九頁。

(11) 同右、三七二頁。

(12) 同右、三七一頁。

(13) 同右、三七二頁。

(14) 同右、三七二―三七三頁。

(15) 同右、三七三―三七四頁。

(16) 同右、三七四頁。

(17) 同右、三七九―三八〇頁。

(18) 前掲、山内敏弘、太田一男『憲法と平和主義』一七五頁。
(19) 麻生多聞『憲法九条学説の現代的展開――戦争放棄規定の原意と道徳的読解』法律文化社、二〇一九年、八四―三〇二頁。杉原泰雄『平和憲法』(岩波新書　黄版　三七一)岩波書店、一九八七年、二一―八頁。等。
(20) 同右、一一一―八三頁。
(21) 杉原泰雄『憲法 二』(有斐閣法学叢書 七)有斐閣、一九八九年、九三―一五九頁。
(22) 常岡(乗本)せつ子「日本国憲法の平和主義と戦後責任」日本平和学会編『平和研究』第四五号(「『積極的平和』とは何か」)早稲田大学出版部、二〇一五年、七―一一頁。山内敏弘『安倍改憲論のねらいと問題点』日本評論社、二〇二〇年、一四七―一七七頁。等。
(23) 小林直樹『憲法第九条』(岩波新書　黄版　一九六)岩波書店、一九八二年、四三―六〇頁。前掲、深瀬忠一『戦争放棄と平和的生存権』三三三―三五五頁。浦田一郎編『政府の憲法九条解釈――内閣法制局資料と解説(第二版)』信山社出版、二〇一七年。等。
(24) 水島朝穂「戦争の放棄」『憲法(第四版)』(基本法コンメンタール)(別冊法学セミナー no.149)岩波書店、一九九七年、四三頁。
(25) 宮澤俊義、芦部信喜補訂『全訂日本国憲法』日本評論社、一九七八年、一六二―一六三頁。
(26) 浦部法穂『憲法学教室(全訂第二版)』日本評論社、二〇〇六年、四〇九頁。
(27) 同右、四一〇―四一一頁。
(28) 同右、四一一頁。
(29) 前掲、宮澤俊義、芦部信喜補訂『全訂日本国憲法』一六三頁。
(30) 同右。
(31) 法學協會[編]『註解日本國憲法 上卷』有斐閣、一九五三年、二一一頁。

(32) 前掲、水島朝穂「戦争の放棄」『憲法（第四版）』四二頁。
(33) 同右。
(34) 同右。
(35) 前掲、深瀬忠一『戦争放棄と平和的生存権』一九四頁。
(36) 前掲、宮澤俊義、芦部信喜補訂『全訂日本国憲法』一五九頁。
(37) 同右、一六五頁。
(38) 佐藤功『日本国憲法概説（全訂第五版）』学陽書房、一九九六年、七三頁。
(39) 前掲、宮澤俊義、芦部信喜補訂『全訂日本国憲法』一六五頁。
(40) 前掲、水島朝穂「戦争の放棄」『憲法（第四版）』四五頁。
(41) 山室信一『憲法九条の思想水脈』（朝日選書 八二三）朝日新聞社、二〇〇七年、二六八―二七二頁。
(42) 参議院事務局編『分類帝国憲法改正審議録　戦争放棄編』新日本法規出版、一九五二年、二〇一頁。
(43) 高野雄一『集団安保と自衛権』（国際現代法叢書）東信堂、一九九九年、三〇五頁。
(44) 同右。
(45) 同右、三〇四頁。
(46) 前掲、深瀬忠一『戦争放棄と平和的生存権』二一一頁。
(47) 同右、三三八頁。
(48) 前掲、長沼事件弁護団編『長沼ミサイル基地事件資料』三八九・三九二・三九四頁。
(49) 山内敏弘『平和憲法の理論』日本評論社、一九九二年、六九頁。
(50) 同右、七〇頁。
(51) 山内敏弘編『新現代憲法入門』法律文化社、二〇〇四年、二五九頁。

(52) 前掲、小山内宏『これが自衛隊だ――戦力・戦略のすべて』二四三頁。
(53) 同右。
(54) 田村重信［ほか］編著『日本の防衛法制（第二版）』内外出版、二〇一二年、六四頁。
(55) 前掲、法學協會［編］『註解日本國憲法 上巻』二三三頁。
(56) 前掲、浦部法穂『憲法学教室（全訂第二版）』四一〇頁。
(57) 前掲、大須賀明［ほか］編『三省堂憲法辞典』一〇〇頁。
(58) 同右、二三五頁。
(59) 奥平康弘・山口二郎編『集団的自衛権の何が問題か――解釈改憲批判』岩波書店、二〇一四年。木村章太『集団的自衛権はなぜ違憲なのか』（犀の教室 Lineral Arts Lab）晶文社、二〇一五年。等。
(60) 前掲、深瀬忠一『戦争放棄と平和的生存権』三四一頁。
(61) 前掲、浦田一郎編『政府の憲法九条解釈――内閣法制局資料と解説（第二版）』五一七―五一八頁。
(62) 前掲、大須賀明［ほか］編『三省堂憲法辞典』二〇三頁。
(63) 永井憲一・利谷信義編集代表『資料日本国憲法 五（一九八〇―一九八四）』三省堂、一九八六年、五七七頁。
(64) 前掲、山内敏弘、太田一男『憲法と平和主義』一七四頁。
(65) 同右。
(66) 前掲、山内敏弘『平和憲法の理論』二〇四頁。
(67) 同右、二〇五頁。
(68) 同右、二〇八頁。
(69) 同右。

(70) 同右、二〇九頁。
(71) 同右。
(72) 同右、二一七頁。
(73) 前掲、杉原泰雄『憲法 二』一五七頁。
(74) 前掲、浦部法穂『憲法学教室（全訂第二版）』四一八―四一九頁。
(75) 前掲、山内敏弘『平和憲法の理論』二三二頁。
(76) 同右、二三三頁。
(77) 同右、二三四頁。
(78) 同右、二三二頁。
(79) 樋口陽一「戦争放棄」樋口陽一編『主権と国際社会』（講座憲法学 二）日本評論社、一九九四年、一一二頁。
(80) 同右、一一三頁。
(81) 前掲、山内敏弘『平和憲法の理論』一三〇頁。
(82) 同右、一八八頁。
(83) 萩原重雄「憲法第九条の今日的意義」『憲法理論研究会ニューズ』一九八七年、一一頁。
(84) 前掲、山内敏弘『平和憲法の理論』七二頁。
(85) 前掲、高野雄一『集団安保と自衛権』二九三―二九四頁。
(86) 同右、二九四頁。
(87) 前掲、水島朝穂「戦争の放棄」『憲法（第四版）』四七頁。
(88) 前掲、深瀬忠一『戦争放棄と平和的生存権』三五〇頁。

(89) 前掲、永井憲一・利谷信義編集代表『資料日本国憲法 五（一九八〇—一九八四）』五六頁。
(90) 前田哲男・飯島滋明『国会審議から防衛論を読み解く』三省堂、二〇〇三年、五〇頁。
(91) 前掲、浦田一郎編『政府の憲法九条解釈——内閣法制局資料と解説（第二版）』四七一頁。
(92) 佐藤功『憲法 上（新版）』（ポケット註釈全書）有斐閣、一九八三年、二八九頁。
(93) 大江志乃夫『徴兵制』（岩波新書 黄版 一四三）岩波書店、一九八一年、六頁。
(94) 前掲、深瀬忠一『戦争放棄と平和的生存権』三五〇頁。
(95) 同右。
(96) 前田定孝「市区町村による自衛隊への住民情報提供の違法性について」自治体問題研究所 https://www.jichiken.jp/article/0279/（参照二〇二四年二月二三日）。
(97) 前掲、大江志乃夫『徴兵制』一頁。
(98) 朝日新聞（夕刊）、二〇二四（令和六）年七月八日。記事によれば、現在、自衛隊は約二四万七千人の定数に対し、実数が約二万人不足しているとされる。
(99) 三宅勝久『絶望の自衛隊——人間破壊の現場から』花伝社、二〇二二年。等参照。
(100) 前掲、宮澤俊義、芦部信喜補訂『全訂日本国憲法』二三四頁。前掲、佐藤功『憲法 上（新版）』二八七—二九〇頁。樋口陽一［ほか］著『憲法Ⅰ［前文・第一条〜第二〇条］』（注解法律学全集 一）青林書院、一九九四年、三七〇頁。前掲、浦部法穂『憲法学教室（全訂第二版）』四〇三頁。芹沢斉［ほか］『憲法』（別冊法学セミナー no.210）（新基本法コンメンタール）日本評論社、二〇一一年、一四三頁。等。
(101) 前掲、佐藤功『憲法 上（新版）』二八九頁。
(102) 橋本公亘『憲法（改訂版）』（現代法律学全集 二）青林書院新社、一九七六年、二四三頁。
(103) 福島新吾『日本の「防衛」政策』（ＵＰ選書）東京大学出版会、一九七八年、二二四頁。

(104) 山内敏弘「有事立法」清宮四郎［ほか］編『新版憲法演習 一（総論・人権Ⅰ）』（有斐閣ブックス）有斐閣、一九八〇年、八四頁。
(105) 藤井治夫『自衛隊と治安出兵――国民に銃を向けるな』（三一新書 八〇二）、三一書房、一九七三年。
(106) 前掲、長沼事件弁護団編『長沼ミサイル基地事件資料』三八六―三八七頁。
(107) 同右、三八七頁。
(108) 前掲、深瀬忠一『戦争放棄と平和的生存権』三三六頁。
(109) 古川純「災害と自衛隊の行動――『南関東災害派遣計画』と『東京都地域防災計画』を中心に」深瀬忠一・山内敏弘編『安保体制論』（文献選集日本国憲法 一四）三省堂、一九七八年、二〇七―二一四頁。
(110) 前掲、深瀬忠一『戦争放棄と平和的生存権』三三六頁。
(111) 前掲、小林直樹『平和憲法と共生六十年――憲法第九条の総合的研究に向けて』五〇六頁。
(112) 同右。
(113) 前掲、小林直樹『憲法第九条』二一八頁。
(114) 前掲、長沼事件弁護団編『長沼ミサイル基地事件資料』四〇一頁。
(115) 同右、四〇三―四〇四頁。
(116) 小林直樹『憲法第九条』一二一頁。
(117) 同右。
(118) 同右、一二二頁。
(119) 前掲、山内敏弘・太田一男『憲法と平和主義』九八頁。
(120) 前掲、佐藤功『憲法 上（新版）』一四三―一四五頁。前掲、深瀬忠一『戦争放棄と平和的生存権』三九四―三九五頁。前掲、山内敏弘・太田一男『憲法と平和主義』九七―九九・一七〇―一七三頁。前掲、小林直

樹『平和憲法と共生六十年――憲法第九条の総合的研究に向けて』二三一―二三五頁。等。

(121) 深瀬忠一［ほか］編『恒久世界平和のために――日本国憲法からの提言』勁草書房、一九九八年、五一三―六一七頁。

(122) 田中英夫「憲法第九条の制定過程とその意味するもの」『日本の防衛と憲法（法学セミナー増刊）』（総合特集シリーズ 一五）日本評論社、一九八一年、六二―六三頁。なお同条項が、憲法に挿入された経緯については、前掲、山室信一『憲法九条の思想水脈』二七二―二七四頁。等。

(123) 水島朝穂『武力なき平和――日本国憲法の構想力』岩波書店、一九九七年、二〇〇頁（前掲、深瀬忠一『戦争放棄と平和的生存権』五一〇頁も同旨）。制憲当時の安倍能成貴族院帝国憲法改正案特別委員会委員長も、一九四六（昭和二一）年一〇月五日の貴族院本会議で、「是は第二章、第九条の戦争抛棄の規定と相照応して世界平和を末永く続かせて行くと云ふ、さう云ふ考慮から修正されたものであります。……文民は武臣に対する所の言葉であります」（前掲、参議院事務局編『分類帝国憲法改正審議録　戦争放棄編』五二六―五二七頁。）と述べている。

(124) 前掲、佐藤功『日本国憲法概説（全訂第五版）』四五六頁。

(125) 前掲、水島朝穂『武力なき平和――日本国憲法の構想力』二〇一頁。

(126) 前掲、浦田一郎編『政府の憲法九条解釈――内閣法制局資料と解説（第二版）』五一三頁。

(127) 前掲、水島朝穂『武力なき平和――日本国憲法の構想力』二〇〇頁。

(128) 同右、二〇一頁。

(129) 前掲、小林直樹『平和憲法と共生六十年――憲法第九条の総合的研究に向けて』一四九頁。

(130) 前掲、水島朝穂『武力なき平和――日本国憲法の構想力』二〇二頁。

(131) 前掲、前田哲男編集『岩波小辞典現代の戦争』七〇頁。

(132) 前掲、福島新吾『日本の「防衛」政策』二二四—二二五頁。
(133) 前掲、深瀬忠一『戦争放棄と平和的生存権』三一八頁。
(134) 藤井治夫『日本の国家機密』現代評論社、一九七二年。林茂夫編『全文・三矢作戦研究』（有事体制シリーズ二）晩聲社、一九七九年。等。
(135) 前掲、小林直樹『憲法第九条』八一頁。
(136) 同右、七〇—七一頁。
(137) 前掲、長沼事件弁護団編『長沼ミサイル基地事件資料』三九七—三九八頁。
(138) 大江志乃夫『戒厳令』（岩波新書 黄版 三七）岩波書店、一九七八年、二一五—二一六頁。
(139) 清水伸編著『逐条日本国憲法審議録（増補版）第二巻（戦争の放棄・国民の権利及び義務）』日本世論調査研究所、一九七六年、三頁。
(140) 同右、四頁。
(141) 同右、八一—八二頁。
(142) 前掲、長沼事件弁護団編『長沼ミサイル基地事件資料』三七五頁。
(143) 前掲、参議院事務局編『分類帝国憲法改正審議録 戦争放棄編』一一七—一一八頁。
(144) 佐々木弘通「非武装平和主義と近代立憲主義と愛国心」『憲法問題』（一九）、二〇〇八年、九〇—九一頁。
(145) 前掲、山内敏弘『平和憲法の理論』五七頁。
(146) 大越哲仁『マッカーサーと幣原総理——憲法九条の発案者はどちらか』大学教育出版、二〇一八年、一六頁。塩田純『九条誕生——平和国家はこうして生まれた』岩波書店、二〇一八年。等。
(147) 田中英夫『憲法制定過程覚え書』有斐閣、一九七九年、一〇一—一〇三頁。前掲、大越哲仁『マッカーサーと幣原総理——憲法九条の発案者はどちらか』七八—八〇頁。前掲、塩田純『九条誕生——平和国家はこうして生まれた』一一〇―一一二頁。
(148) 前掲、深瀬忠一『戦争放棄と平和的生存権』一二七頁。
(149) 前掲、法學協會［編］『註解日本國憲法 上卷』一九〇頁。
(150) 前掲、小林直樹『憲法第九条』三九頁。
(151) 岡本三夫『平和学は訴える――平和を望むなら平和に備えよ』法律文化社、二〇〇五年、一五八頁。
(152) 藤井治夫『なぜ非武装中立か――これが平和と安全のきめ手だ』（すくらむ文庫 no.13）、すくらむ社、一九八二年、七九―八〇頁。
(153) 栗城壽夫「自衛隊と憲法第九条」清宮四郎［ほか］編『新版憲法演習 一（総論・人権Ⅰ）』（有斐閣ブックス）有斐閣、一九八〇年、五三頁。
(154) 前掲、深瀬忠一『戦争放棄と平和的生存権』三一三頁。
(155) 前掲、小林直樹『平和憲法と共生六十年――憲法第九条の総合的研究に向けて』五〇〇頁。
(156) 前掲、小林直樹『憲法第九条』一二〇頁。
(157) 同右、一一八―一二〇頁。前掲、前田哲男編集『岩波小辞典現代の戦争』二八二―二八三頁。等参照。
(158) 資源エネルギー庁「石油輸入調査」https://www.e-stat.go.jp/statistics/00551（参照二〇二四年一月二九日）。
(159) 前掲、藤井治夫『なぜ非武装中立か――これが平和と安全のきめ手だ』六八頁。
(160) 農林水産省「日本の食料自給率」https://www.maff.go.jp/j/zyukyu/zikyu_ritu/012.html（参照二〇二四年一月二九日）。
(161) 林茂夫『高校生と自衛隊――広報・募集・徴兵作戦』高文研、一九八六年、一七六―一七七頁。池田眞規［ほか］編著『無防備地域運動の源流――林茂夫が残したもの』日本評論社、二〇〇六年。等。

(162) 前田朗『軍隊のない国家 二七の国々と人びと』日本評論社、二〇〇八年。前掲、小林直樹『憲法第九条』一九三—一九四頁。前掲、山内敏弘『平和憲法の理論』三九三—三九六頁。等。コスタリカについては、澤野義一『永世中立と非武装平和憲法——非武装永世中立論研究序説』大阪経済法科大学出版部、二〇〇二年、一一二—一六八頁。花岡蔚『新版 自衛隊も米軍も、日本にはいらない！——恒久平和を実現するための非武装中立論』花伝社、二〇二三年、二一五—二三一頁。等。
(163) 前掲、小林直樹『憲法第九条』一九三頁。
(164) 福島新吾『非武装の追求——現代政治における軍事力』サイマル出版会、一九六九年、一四六頁。
(165) 前掲、小山内宏『これが自衛隊だ——戦力・戦略のすべて』二五二—二五四頁。
(166) 同右、二五二頁。
(167) 前掲、永井憲一・利谷信義編集代表『資料日本国憲法 五（一九八〇—一九八四）』五七八頁。
(168) 前掲、小林直樹『平和憲法と共生六十年——憲法第九条の総合的研究に向けて』二二八頁。
(169) 前掲、山内敏弘、太田一男『憲法と平和主義』一七〇—一七一頁。
(170) 眞邉正行『防衛用語辞典』国書刊行会、二〇〇〇年、四九一頁。
(171) 前掲、小山内宏『これが自衛隊だ——戦力・戦略のすべて』二四六頁。
(172) 前掲、小林直樹『平和憲法と共生六十年——憲法第九条の総合的研究に向けて』五五二頁。
(173) 前掲、小林直樹『憲法第九条』一五九頁。
(174) 藤井治夫『Top secret 日米共同作戦の徹底研究』光人社、一九九二年。
(175) 前掲、小林直樹『平和憲法と共生六十年——憲法第九条の総合的研究に向けて』六〇〇頁。
(176) 同右、六〇〇—六〇一頁。
(177) 同右、四九六頁。

(178) 前田哲男『武力で日本は守れるか』高文研、一九八四年、一九四頁。
(179) 半田滋「自衛隊は国土を守れるか」遠藤誠治責任編集『日米安保と自衛隊』(シリーズ日本の安全保障 二)岩波書店、二〇一五年、二二九頁。
(180) 前掲、前田哲男編集『岩波小辞典現代の戦争』五一頁。
(181) 長崎大学核兵器廃絶研究センター (RECNA) https://www.recna.nagasaki-u.ac.jp/recna/nuclear1/nuclear_list_202306?doing_wp_cron=1711937005.0631580352783203125000 (参照二〇二四年八月一日)。
(182) 前掲、小林直樹『憲法第九条』一六二頁。
(183) 同右、一六三頁。
(184) 前掲、浦部法穂『憲法学教室(全訂第二版)』四三六頁。
(185) 同右、四三七頁。
(186) 前掲、小山内宏『これが自衛隊だ——戦力・戦略のすべて』二五一頁。
(187) 前掲、小林直樹『平和憲法と共生六十年——憲法第九条の総合的研究に向けて』五六四頁。
(188) 前掲、小林直樹『憲法第九条』一六九頁。
(189) 同右。
(190) 藤井治夫『自衛隊はかならず敗ける——防衛の原点にかえれ』三一書房、一九八〇年、七八—八〇頁。
(191) 芦部信喜『憲法学I』有斐閣、一九九二年、二五五頁。
(192) 明田川融『日米地位協定——その歴史と現在《いま》』みすず書房、二〇一七年。等。
(193) 前掲、小林直樹『憲法第九条』二二四頁。
(194) 前掲、小林直樹『平和憲法と共生六十年——憲法第九条の総合的研究に向けて』三一八頁。
(195) 星野安三郎『平和に生きる権利』(現代の人権双書 一)法律文化社、一九七四年。前掲、深瀬忠一『戦争放棄と平和的生存権』二二五—二四五頁。前掲、山内敏弘『平和憲法の理論』二四五—三〇八頁。小林武『平和的生存権の弁証』日本評論社、二〇〇六年。小林武『平和的生存権の展開』日本評論社、二〇二一年。等。

(196) 前掲、山内敏弘、太田一男『憲法と平和主義』一七四頁。

(197) 前掲、長沼事件弁護団編『長沼ミサイル基地事件資料』三六〇頁。

(198) 前掲、自衛隊イラク派兵差止訴訟の会編『自衛隊イラク派兵差止訴訟全記録——私は強いられたくない。加害者としての立場を』一七一—二〇〇頁。

(199) 同右、一九五—一九六頁。

(200) 岡本三夫「新世紀の平和学のアジェンダ」岡本三夫、横山正樹編『平和学のアジェンダ』法律文化社、二〇〇五年、二一頁。

(201) 立正佼成会「『憲法改正』に対する見解：憲法の『平和主義』を人類の宝に（平成二四年一一月一一日）」https://www.kosei-kai.or.jp/wp-content/uploads/2021/02/20121111.pdf（参照二〇二三年三月一六日）

(202) 前掲、岡本三夫「新世紀の平和学のアジェンダ」岡本三夫、横山正樹編『平和学のアジェンダ』二一頁。

(203) 前掲、山内敏弘『安倍改憲論のねらいと問題点』一—六七頁。

(204) 浦田一郎『自衛隊加憲論の展開と構造——その憲法学的分析』日本評論社、二〇一九年。前掲、山内敏弘『安倍改憲論のねらいと問題点』一—六七頁。伊藤真［ほか］『九条の挑戦——非軍事中立戦略のリアリズム』大月書店、二〇一八年、七七—八五頁。等。

(205) 前掲、山内敏弘『安倍改憲論のねらいと問題点』一〇五頁。

(206) 同右、六九—一〇六頁。

(207) 前掲、深瀬忠一『戦争放棄と平和的生存権』八八頁。

(208) 家永三郎「国家は万能か」『家永三郎集 第十二巻』岩波書店、一九九八年、三五六頁。
(209) 同右、三〇五—三一二頁。

あとがき

「はしがき」で、岡本三夫先生（元日本平和学会会長、広島修道大学名誉教授）について触れたが、先生との出会いはまさに奇跡的であった。二〇〇四（平成一六）年九月、私は友人に頼まれて、司書講習の講師として沖縄国際大学に出向した。講習の始まる前日、初めて沖縄の土を踏み、同大学の宿泊施設に着いたのであるが、しばらくすると隣の部屋がうるさくなった。さすがに耐えられなくなったので注意しようと思い、ドアを開けたところ、そこに恰幅のいい男性が立っていた。その人が、何と岡本先生であった。日本平和学会の会員として何度も学会で先生をおみかけしていたが、いつも先生の周りには取り巻きの方がおられ、とても近づける雰囲気ではなかった。その憧れの先生が、私の目の前に立っていたのである。驚きのあまり、一瞬、言葉を失ったのであるが、思わず「岡本先生でいらっしゃいますか」と言葉が出た。先生が「そうです。岡本です」とおっしゃるやいなや、慌てて先生に私の名刺を差し出した。先生は、平和学の集中講義のために大学にお見えだったようであるが、それから沖縄に滞在した数日間、先生のお部屋にうかがっては、ビールを飲みながら、政治や平和、子どもの問題等について、いろいろとお話をさせていただいた。その時の先生の笑顔が昨日のように思い出される。この数日間は、私にとってまさに夢のような日々であった。人生で最高の思い出の一つである。

その後も、平和学会が開かれる度にお会いし、ご挨拶をさせていただいた。しかし残念なことに、先生は二〇一九（令和元年）年七月二〇日、八六歳でお亡くなりになった。ちょうど私が日本橋の眼科で、白内障の手術を受けている時であった。後で知ったのであるが、私の手術をして下さった先生は、岡本先生の高校の後輩であった。何か不思議な縁を感じずにはいられなかった。

最初にお会いして以来、私は先生のご著書を片っ端から読み漁った。そのお陰で、今の平和学者としての私があるように思う。先生は、横山正樹先生との共編『平和学のアジェンダ』（法律文化社、二〇〇五年）の中で、はっきりとおっしゃっている。いかなる時代になろうとも、「憲法九条の理念は不滅だ」（一六頁）と。

岡本先生、本当にありがとうございました。心より感謝申し上げます。

＊　＊

大扉の写真

「沖縄慰霊の日『平和の火』に向かい手を合わせる人たち＝沖縄県糸満市の平和祈念公園で二〇二三年六月二三日午前七時」（毎日新聞社提供）

〝ありったけの地獄を集めた〟〝この世の地獄〟といわれた沖縄戦からほぼ八〇年。沖縄戦の犠牲者たちに手を合わせる若い父親とその子どもたち。悲劇を体験した世代は、年を追うごとに少なくなっているが、しかし戦争で亡くなられた人々を追悼し、恒久平和を希求する沖縄県民の強い意志は揺らぐことなく確実に次の世代へと受け継がれている。戦争を二度と繰り返してはならない。

＊　＊

最後になったが、本書の出版に当たっては、明誠書林の細田哲史氏と、関東学院大学出版会の田中宏治氏、畑岡壮一氏に大変お世話になった。この場を借りて、三氏に厚く御礼申し上げる次第である。

著　者

著 者 紹 介

中村　克明（なかむら・かつあき）

1956年　長野県生まれ
1987年　図書館情報大学大学院図書館情報学研究科情報社会関係論
　　　　専攻修士課程修了
現　在　関東学院大学社会学部教授
　　　　同大学大学院文学研究科教授
専　攻　平和学、憲法論、図書館情報学

主要著書

『知る権利と図書館』関東学院大学出版会、2005年
『植木枝盛—研究と資料』関東学院大学出版会、2012年
『日本国国憲案の研究—植木枝盛 憲法案における軍事と人権』
関東学院大学出版会、2017年

憲法第九条
—戦争放棄条項をめぐる考察

2024年10月16日　第１刷発行

著　者　中 村 克 明

発行者　関東学院大学出版会
代表者　小 山 嚴 也
236-8501　横浜市金沢区六浦東一丁目50番１号
電話・(045)786-5906／FAX・(045)786-7840

発売所　丸善出版株式会社
101-0051　東京都千代田区神田神保町二丁目17番
電話・(03)3512-3256／FAX・(03)3512-3270

編集校正協力・細田哲史（明誠書林合同会社）
印刷／製本・藤原印刷株式会社

©2024　Katsuaki Nakamura

ISBN 978-4-901734-90-5　C3032　Printed in Japan